また会いたくなる
銀行員の

アクティブマナー

すぐれた人が実践する
8の心得と3ステップ

武 あゆみ
日本ATMヒューマン・ソリューション株式会社取締役部長

藤原 德子
株式会社ビジネスファーム代表取締役

まずは、本の使い方から

　ビジネスマナーの大切さやポイントは、職場で起こるさまざまな場面から学ぶことができます。学んだマナーの知識を仕事の場面で活かしてこそ、マナーが「アクティブ（行動に直結する）なもの」になります。

　そんな思いから本書を執筆しました。そこでこの本では、基本的に「**気づく**」⇒「**理解を深める**」⇒「**行動する**」の3部構成になっています。

　「**気づく**」では、新入社員の緑川さんがトレーナー役の勝田さん、上司の佐野さんから、どのように「基本マナー」の大切さを体感していくのか。そのプロセスを「ある日の会話」を切り取り、場面ごとに紹介していきます。

　「**理解を深める**」については、なぜ、そうしたマナーが生まれたのか。どうして先人たちが、いまの「かたち」にして伝えてきたのか。今後、マナーに関する知識を身につけたり、スキルを磨くために役立ちそうな作法や考え方などについてご紹介します。

　「**行動する**」は、社会人として正しいマナーをアクションに移していくために知っておきたい各論——常識やルールなどを具体的に説明していきます。

　本書の使い方を知っていただけたところで、早速、「また会いたい」と言われるようになれる「アクティブマナー」のレッスンに入ることにいたしましょう。

はじめに

金融業界で活躍したいあなた、
活躍するあなたへ

　数あるマナー本の中から手にとってくださった方へ。こう
してあなたと出会えたことをうれしく思います。

　それにしても、なぜ、私がマナー本を出すことにしたのか。

　その理由を知っていただくためにも、自己紹介からはじめ
たいと思います。

　私はいま、日本ATM（以下ATMJ）で教育事業責任者をして
います。学校を卒業後、エアラインでの接遇業務を経たあ
とコールセンターの教育業務に関わった経験がいまの仕事に
も役立っているのですが、同じコールセンター業務とはいえ、
異業種への転職に抵抗はありませんでした。

　子どもの頃から、母が私の小さな手をとり連れて行ってく
れた銀行や郵便局が大好きだったからです。

　鮮明に覚えているのは、母がカウンターで用事をすます間、
ソファーに座って見ていたのは渡された絵本ではなく、笑顔
が優しい制服が似合う綺麗なお姉さん。キビキビと動く爽や
かなスーツ姿のお兄さん。ちょっぴり怖かったけれど、手を

振ってくれる警備員さんでした。

　カウンターごしに、お姉さんやお兄さんと母が色とりどりのパンフレットを見ながら、にこやかに話す姿を眺めているのが、とても楽しかったのです。

　そこは大切なお金に関する相談や手続きをするところだとは理解できていませんでした。しかし、わからないなりに大事なことを話しているという印象があり、騒いではいけない厳かで「特別な場所」に、私には思えました。

　銀行の仕事が理解できるようになり、初めて通帳を作ってもらいに出かけたときは、一人で手続きができるようになった誇らしさも加わって、いつか大人になったら、こんなところで働きたいと願ったものです。

　銀行や郵便局などの接遇品質向上のお手伝いをする仕事に就けたときは、うれしさのあまり飛び上がりたくなりました。

　ところで、私がこの仕事になぜ、こんなに惹かれたのか、改めて気づいたことがあります。

　それはお姉さんのおしゃれな制服やお兄さんやスーツのかっこよさではなく、じつは働く人たちの凛とした態度——思いやりや配慮——に惹かれるかれたのでした。

　日々の業務をこなすという行動(枠)を超えたところでお客さまに対する行員さんや局員さんの思いや気遣いが、子ども

だった私にも伝わってきて、この仕事へのあこがれとなり、ふくらんでいったのでした。

　では、こうした相手を慮（おもんばか）る心は、意識さえすれば社会常識（マナー）として身につき、発揮することができるのか、という疑問も同時に湧いてきたのです。が、残念ながら、正直「むずかしい」と思います。

　ではどうすれば良いのでしょう。

　経験から言えば、「お手本となる行動のかたちを学び、愚直にあとは繰り返して模倣する」ことです。では、その「かたち」には、どういうものがあり、どういう点を意識すればいいのでしょうか。

　──じつは、ここをきちんと伝えてみたいという気持ちが芽生え、私なりに本書を書いてみようと思いました。

　また、「金融業界の特有なかたち＝常識」もあります。同時に、ここも紹介したいと思っています。

　これからもあなたには、ワクワクするようなたくさんの人たちとの新たな出会いが待っていることでしょう。

　そんなときに、社会人としての常識（マナー）が身についていれば、配慮ある行動が自然にとれるようにもなります。

　ぜひ、周りから愛される人、頼りにされる人、あるいは、「い

い仕事をしているね」と声をかけられるような社会人マナーを身に着けていただくことを願っています。

　これからもあなたが活躍されるうえで、本書が一助になれれば、これ以上、うれしいことはありません。

　ところで、本書を私が執筆できましたのも、銀行員の心構えや思考のイロハを教えてくださった今は亡きSMBC-DSの日壁龍雄元常務、楽しく銀行マン業務を教えてくださる長野銀行の縣浩幸部長、上村昭人さん。いつも私の背中を押してくれるコミュニケーション・アカデミーの 黒田眞紀子先生、キャリアクリエイツの吉野美智先生、元上司の吉岡隆徳さんと現上司の新津隆之さん、中野裕さん、斉藤達哉さん。

　愛する日本ATMヒューマン・ソリューションのメンバー、そして日本ATMグループで日夜お客さまへ暖かいおもてなしを 実践している全国のセンタースタッフのおかげです。心から感謝を申し上げます。

武あゆみ

マナーは信頼関係の礎になる

　先日、当社の税務関係の書類が誤配送されるできごとがありました。誤配送先の会社が開封し、中身を確認して発覚したというのです。すぐさま税務署と郵便局の方が、謝罪のためにいらっしゃいました。

　形式的な謝罪言葉を口にされたあと、「今回の書類は、特段重要なものではないので良かったです」と、私はその開封済みの封筒を手渡されたのです。正直唖然としましたが、怒る気にもなれず、税務署の方から詳細について説明を受けました。

　その間、配達ミスをした郵便局の人は、ただただ平謝り。管理する人の責務とは言え、全身で部下の配達ミスを謝罪しているのがわかり、その誠実な態度に私は、平静を保つことができたのでした。

　その翌日のことです。荷物や書留などを届けてくださる配達員さんが、「このたびは配達ミスがあり、誠に申しわけございませんでした」と、私に会うと、すぐさま謝罪をしてくださいました。

　また、別の配達員さんも同様です。３人目の方は、「先日の配達でミスをしたのは私です。誠に申しわけございませんでした」と、深々と頭を下げられました。

こうした誠意あるお詫びを繰り返されて、怒りが少しずつ消えていくのが自分でも手に取るようにわかりました。配達を担当するすべての方が、局内で報告や連絡を徹底している証拠だと安心しました。

　組織のあり方としては、マニュアル通りの謝罪ではなく、話し方や振る舞いすべてに神経を使った、誠実さが伝わってくるすばらしい応対でした。

　この出来事を通して思い出したのが、「守破離」という千利休の言葉です。千利休は人間の成長過程を守破離という言葉で表しています。「守」は師から教えてもらった基本を徹底的に守ること。「破」は少しだけ自分のやり方に型を変えてみること。「離」は師匠から離れるということです。

　税務署の人は、基本通りの「守」の挨拶でお詫びをしてくれましたが、杓子定規な印象で詫びる気持ちが私には何ひとつも伝わってきませんでした。ところが、郵便局員さんは、基本の型を超えた「破」の挨拶でしたが、背中を丸めて、一生懸命頭を下げて謝る誠実な姿勢に、私は許そうという気持ちになれました。

　私は、金融業界(銀行・生命保険・損害保険)をはじめ、さまざまな民間企業の社員研修、ひいては官公庁や地方自治体などで働く人たちの研修を行っています。その中で、公的機関(本庁から出先機関まで)の覆面調査をしていると、職員さん一

9

人ひとりが、お客さまの満足を考えた言動をとっているのが
わかります。

「ゆりかごから墓場まで」お世話になる公的機関の「接遇の
品質」が高まっています。これは、個々人の素養の高さに加
え、組織が行う教育のたまものです。転居しない限り、一生
おつきあいしていく人たち。これからも良好な人間関係を築
いていきたいと思います。

　商品やサービスに大差がない時代。「この方は私の思いに
寄り添ってくれる」「この組織は信頼できる」「この会社と長
くつきあいたい」など、その信頼の度合いを、マナーの良し
悪しで測ることがあります。

　単に、「モノを買う」という行為はなく、「信頼して大切な
お金を預ける」「国民、市民として、安心して生活のサービ
スを受ける」という業界で、マナーの質はお客さまから選ば
れるための一つの指針です。また、信頼関係の「礎」である
と思います。

　さあ、マナーを通して信頼関係を築いていくための「気づ
きの扉」をごいっしょにあけていきましょう。

　平成30年8月吉日

　　　　　　　　　　　　　　　　　　　　　　　藤原徳子

目次

まずは、本の使い方から	3
はじめに	4

CHAPTER 01　印象［挨拶・身だしなみ］

挨拶

〈気づく〉　挨拶してからお辞儀をしよう！	18
〈理解を深める〉　印象管理能力をUPさせる	21
〈行動する〉　挨拶から人間関係づくりがはじまる	22
挨拶は相手の目を見てする	24
〈気づく〉　肘を伸ばして挨拶をする	26
〈理解を深める〉　お辞儀をするときは臍下丹田を意識する	29
「好意の総計」で人の印象は決まる	30
〈行動する〉　会釈・敬礼・最敬礼をマスターする	32
「非言語コミュニケーション」を磨く	35

身だしなみ

〈気づく〉　行動する前に相手の基準で考えよう	37
〈理解を深める〉　「服装・表情・言動」を整えるのも身だしなみ	40
〈行動する〉　「眼輪筋」「口輪筋」を意識して明るい表情をつくる	43
〈気づく〉　「身だしなみ」と「おしゃれ」は使い分ける	45
〈理解を深める〉　あなたの身だしなみをチェックしてみよう	47
平服は「普段着」ではなく「準礼装」のこと	50
〈行動する〉　身だしなみから誠実・堅実さを感じてもらう	51

CHAPTER 02　振る舞い［立ち居振る舞い・名刺交換］

所作

〈気づく〉　人にモノを渡すときは「両手」が原則	54
〈理解を深める〉　ローマは一日にして成らず	57

11

〈**行動する**〉 小さなモノはトレイに載せて、両手で渡す	58
花束は「相手の握手する右手」が使えるように渡す	60
書類やパンフレットは左手を手盆にして渡す	61
〈**気づく**〉 名刺は地位の高い人から交換する	62
〈**理解を深める**〉 カードケースは名刺入れには適さない	64
〈**行動する**〉 名刺は訪問したほうから出す	65

CHAPTER 03 言葉づかい［尊敬語・丁寧語・謙譲語］

言葉づかい

〈**気づく**〉 お願いは「命令形」ではなく「依頼形」で	70
〈**理解を深める**〉 敬語は「5分類」に分けられる	73
敬語の使い分けができて一人前	76
〈**行動する**〉 クッション言葉で印象をやわらげよう	77
陳謝の乱発は相手を不快にする	79
〈**気づく**〉 言葉選びで印象はアップする	80

CHAPTER 04 コミュニケーション［聞き方・話し方］

聞き方

〈**気づく**〉 話の聞き方にも作法がある	92
〈**理解を深める**〉 無反応では人間関係は深まらない	95
〈**行動する**〉 相手を「受容」し、信頼を手に入れる	96

話し方

〈**気づく**〉 「思いが伝わる」話し方のポイント！	102
〈**理解を深める**〉 メッセージの伝え方のポイントは4つ	104
〈**行動する**〉 伝わる言葉で端的に話そう	106
〈**気づく**〉 「きちんと伝える」論理思考	108
〈**理解を深める**〉 思考整理はロジックツリーで	110

〈行動する〉 論理的な話し方をマスターする 111

CHAPTER 05 応対マナー[来客への応対]

来客への応対

〈気づく〉 プライベート情報は小声で 116

〈理解を深める〉 「応対の基本5段階」をマスターする 120

〈行動する〉 お茶は右側からテーブルの端より10センチ向こうへ出す 122

〈気づく〉 日本は左上位、国際プロトコルは右上位 127

〈理解を深める〉 ドアノックは数が問題ではなく、ノックの仕方が大事 129

〈行動する〉 お客さまを心地よくする振る舞いが大事 130

CHAPTER 06 電話応対のマナー[電話でのやりとり]

電話でのやりとり

〈気づく〉 顔に表情があるように、声にも表情がある 146

〈理解を深める〉 話法のコツは「迅速・丁寧・簡潔・明瞭」 150

〈行動する〉 「いかがいたしましょうか？」は相手に配慮した言葉 151

CHAPTER 07 通信のマナー[メールとビジネス文書]

メール

〈気づく〉 「便利」だからこそメールは送信前に確認を 162

〈理解を深める〉 情報を確実に届ける通信方法を選択する 163

〈行動する〉 仕事スタイルでFAX・Eメールを使い分けよう 164

FAX

〈気づく〉 送信前に受信先の番号を確認する 170

〈理解を深める〉 「1通の誤送信」でカーテンが値引きに 172

〈行動する〉 「早く届けたい」なら送信状は必ず添付 173

ビジネス文書

〈気づく〉 「書式」をひな形にしよう　175

〈理解を深める〉 文書は６Ｗ３Ｈを意識して書く　177

〈行動する〉 ビジネス文書は「１枚１用件」が基本　180

CHAPTER 08　おもてなしのマナー［接待］

接待

〈気づく〉 接待で大切な目配りと気配り　190

〈理解を深める〉 接待はお客さまとの仲を深める潤滑油　192

〈行動する〉 接待はお客さまを誘うときからはじまる　193

特別付録１　会話がはずむ「食事マナー」の基本

会食を楽しむために　206

会食の５つの心得　207

和食の形式とマナー　207

ここだけは押さえておこう　209

洋食の形式とマナー　217

特別付録２　気持ちに寄り添う「冠婚葬祭マナー」の基本

結婚式・披露宴　228

葬送儀式　235

あとがき　240

登場人物

　ここから本書を進めていく上で欠かせない緑川さん、勝田さん、佐野さんにこの場に登場してもらうことにしましょう。

F銀行あゆみ支店（地方都市の中心部にある行員36名の店舗）
法人営業部

緑川若菜（23歳）
国立大学・経済学部卒のピカピカの新人

「緑川さんはいつも元気」と、学生時代から言われてきたこと。
「そうかなぁ」と思うが、「あまりクヨクヨしないからだろう」と、自己分析中。
仕事では、トレーナー勝田さんから「マナーの基本」を学んでいるところです。

■勝田正義（27歳）
入社4年目、トレーナーに抜擢

担当の法人営業の仕事は、見聞が広がるので楽しい。
社内では「勤勉家」で通っているが、ただ興味があることを知りたいだけ。
「なぜ、なぜ」が口グセだからかな？
トレーナーは、初めて。
どう仕事の現場のことを伝えるか、思案中。

15

■**佐野陽子次長（42歳）**

生え抜き社員、部長候補の一人

総合職で入社して、気づけばまもなく20年。仕事では「行動派」「論理派」と言われている。勝田さんをトレーナーに抜擢したが、緑川さんとの相性もよさそうで、やれやれと、胸をなでおろしている。

　勝田さんと緑川さんは仕事で「学んだマナー」を「活かすこと」を目標に掲げています。ということで、いよいよお客さまに寄り添い、愛される銀行員になるための緑川さんの学びがスタート。まずは、お客さまとの最初の接点となる「第一印象」から学んでいくことにしましょう。

CHAPTER
01

印象
▼
[挨拶・身だしなみ]

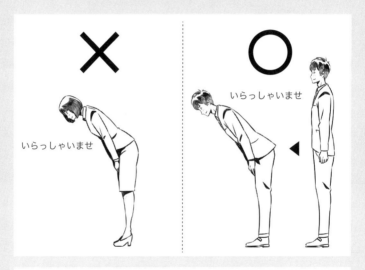

「第一印象は一瞬で決まる」

印象は「初対面」時の最初の数秒で決まるものです。ここでは第一印象を決める要素である「挨拶」「身だしなみ」についてクローズアップしていきましょう。

挨拶

気づく

!

挨拶してからお辞儀をしよう！

緑川　お客さまをロビーでお迎えしたとき「おはようございます」と、挨拶したのに無視されて──。なんだか朝から悲しくなりました。

勝田　それは、朝からブルーだね。で、どんな挨拶をしたの？

緑川　お客さまが目に入ったので、すぐに頭を下げて挨拶しました。

勝田　印象が暗かったのかな？　それで、お客さまは挨拶を返すタイミングをつかめなかったのかもしれないね。緑川さんが挨拶された相手だったら、どう感じたと思う？

緑川　お客さまからしたら暗い印象だったかもしれません。

勝田　そうか。次は、声のトーンを少し高めに挨拶をしてみたらどうだろう？　トーンを上げると声が通るようになるんだ。でも、大きな声で怒鳴れと言っているんじゃないから、そこは気をつけて。お客さまとの適度な距離感をとって相手に声が届く挨拶をすることが大事なんだ。

緑川　はい、で、距離感ってなんですか？

勝田　ふたりの間に生まれる「間隔」のことだよ。パーソナ

緑川若葉
勝田正義

CHAPTER **01** 印象 ▼ [挨拶・身だしなみ]

ルスペースと言われるんだけど、聞いたことある？　人は相手との親しさによって、お互いの間にとる物理的な距離が変わってくるんだ。一般的に、お互いが腕を伸ばして指先が触れあうくらいの距離は最低限でも守りたいと思うんだけど、そのときの緑川さんはお客さまと、どれくらい離れていたかな？

緑川　4、5メートルは離れていたと思います。

勝田　やっぱりそうか。相手に挨拶した声が届いていなかったことも考えられるかな。

緑川　言われてみれば。これから相手の距離感を意識してみることにします。

勝田　それからもう一つ、挨拶のポイントとして、言葉と行動を分けるということも大事なんだ。どういうことかと言えば、このふたつの動作を同時に行ったとしたらどうなると思う？　床に「いらっしゃいませ」と言っているみたいに見えるだろう？　これでは歓迎の気持ちがお客さまにきちんと伝わらない。

緑川　言われてみると……。

勝田　研修でも習わなかった？　言葉が先で、お辞儀を後からすると、お客さまを歓迎する気持ちが伝わるよって。

緑川　思い出しました。たしかに研修で習いました。

勝田　それなら話は早い！　これから言葉と行動を分けて挨

19

挨したらいい。それと、お客さまとアイコンタクトをとることも忘れないようにね。「ここにあなたがいることを認知しました」という意思表示になるので覚えておくと役立つと思うよ。

緑川 アドバイス、ありがとうございます。明日から意識してみます。

勝田 今日はこれぐらいにしておこう。挨拶について振り返ったわけだけど、頭の中の整理はできた？

緑川 はい。

勝田 追加で、もう一つだけ。第一印象は英語で「ファーストインプレッション」と言うだろう。ここでの印象がいいと二度目に会ったときの印象もいい。心理学では、これを刷り込み現象（プリンティング）が働いていると言うんだけど、ぜひ、そうありたいものだよね。

緑川 はい。

勝田 あとで、この前、渡した研修テキストで振り返っておいてね。

　第一印象が大切であることをなんとなく理解した緑川さん。ここからは第一印象を決めるポイントについて、理解を深めていくことにしましょう。

CHAPTER 01 印象▼[挨拶・身だしなみ]

理解を深める

印象管理能力をUPさせる

　五感(視覚、聴覚、嗅覚、味覚、触覚)で感じ取ったものが、相手の印象となります。ほとんどの場合、最初に出会ったときに決まると言われています。たとえば、次のようなケースは相手が不快な思いをします。

・スーツの肩にフケが落ちている→視覚で×
・口ごもった言い方で聞きとれない→聴覚で×
・香水がきつい→嗅覚で×
・出されたお茶がぬるい→味覚で×
・握手をしたときに汗ばんでいる→触覚で×

　おわかりですか。
「自分の感性」「自分がいままでやってきたこと」をマナーの基準にすると、クレームにつながることもあります。たとえば、オーデコロンのように香りがきつくないものをつけても悪くはありませんが、適量であることがポイント。つけすぎがいけないわけです。ちなみに香水はタブーです。相手に与えたい印象をイメージし、それにふさわしい目線で考えていくことを「印象管理」と言います。

行動する

挨拶から人間関係づくりがはじまる

　職場は上位者、同僚、下位者とさまざまな人たち（生育暦・年齢・性別・キャリア・人生や労働に対する価値観の違う人たち）で構成されています。仕事を進めていくときに人との関わりやチームワークの善し悪しは、集団に大きな影響をおよぼしかねません。ダイレクトに会社の利益に影響があるわけです。

　そんなチームづくりの源となるのが挨拶です。挨拶からコミュニケーションがはじまり、コミュニケーションを続けることで人間関係は築かれていきます。挨拶は人間関係づくりの第一歩になるのです。

　「挨」は「心を開く」、「拶」は「こちらからせまる」という意味があります。相手から挨拶されたら返礼するものですが、ときには自分から挨拶しても返礼がないこともあるでしょう。そういうときは、おおらかに心を開いて『**あ**かるく**いつも さきに つづけて**』接するように心がけましょう。

　また、「仕事のプロ」として、店頭では「挨拶４ステップ／ SSTB」が自然にできるようになりましょう。

① Stand

お客さまの姿を見たら、すぐ**立ち**上がりましょう。

② Smile

アイコンタクトをとり、心からの**笑顔**でお客さまをお迎え（お見送り）しましょう。

③ Talk

入店時は、「いらっしゃいませ」＋「こんにちは」（プラスαの挨拶）で、退店時は、「ありがとうございました」＋「またのご来店をお待ちいたしております」（プラスαの挨拶）と**言い**ます。

また、お帰りになるお客さまには感謝の気持ちを込めて、背中を向いていたとしても、「ありがとうございました」と**言い**ましょう。

④ Bow

お辞儀をして顔を上げたら、再度アイコンタクトと心からの笑顔で、お客さまをお迎え（お見送り）しましょう。

行動する

挨拶は相手の目を見てする

　挨拶をするときに気をつけたいのが、そのときの所作です。共通するポイントがあるので整理してみましょう。

❶ 相手の目をきちんと見る

　印象を良くするためには、相手の目を見ることが大切。対面するときは少しアゴを引き、顔を上げて、相手の目を見ます。決して相手の眼球を見るわけではないので、覚えておきましょう。

　具体的には、自分の視線を相手の目頭と目頭の間に持っていくようにします。これによって目線が定まり、凛とした印象を相手に与えることができます。もし、相手の眼球を見てしまうと、その目の動きに影響され、落ち着きのない印象を与えてしまうからです。

　決して、目をそらしたり、上目づかいで相手を見たり、キョロキョロしたりしないように。自信がない印象を与えるので注意が必要です。

❷ 言葉を添える

CHAPTER 01 印象 ▼ [挨拶・身だしなみ]

　無言の動作は、機械的で冷たく感じます。必ず所作の前、動作の後にひと言、言葉を添えるクセづけをしましょう。

　たとえば、カウンター業務の場合、「お待たせいたしました」と言ってからお金と通帳を載せたカルトンを両手で差し出します。次に「ご通帳を返却させていただきます」のひと言を添えます。このひと言があるだけで、あなたの温かい気遣いは伝わっていきます。

❸ 指先を揃える

　相手の意識が散漫にならないように挨拶やモノを指し示すときは、指先を伸ばして揃えます。

❹ メリハリをつける

　動作に緩急のリズムをつけます。快活な印象、機敏な印象になります。また、お客さまの貴重な時間を共有していることに感謝していることも伝わります。

「相手の目を見る」とは、自分の視線を相手の「目頭と目頭の間」に向ける。顔全体が上がるため明るい印象になる。相手を見ているという、自分の気恥しさも消える。

肘を伸ばして挨拶をする

緑川 勝田さん、一つ質問してもいいですか？ 昨日、友人と食事に出かけたときに、サービス係のお辞儀が研修で学んだものと違っていたのですが、どちらが正しいんでしょうか。

勝田 どんなお辞儀をしていたの？

緑川 指を伸ばして重ね、手をお臍のあたりに持っていって、肘を横に張ったお辞儀をされていました。

「コンス」は朝鮮式のお辞儀。民族衣装を着ていないビジネスの場では肘を張らず、手を自然に前に下げよう。

勝田 たしかによく見かけるお辞儀だな。僕も何か違和感を覚えていたが、わからないから次長に聞いてみようか。

勝田 次長、お忙しいところ申し訳ございません。お伺いたいことがありますが、よろしいでしょうか。

佐野 何かしら？

 緑川若菜
 勝田正義
 佐野次長

勝田 緑川さんからマナーの質問があったのですが、回答できずにいるんです。次長ならご存じかと。

佐野 くわしく話してくれる？

勝田 はい。緑川さんが外食したお店で、手をお臍のあたりに置き、肘を横に張ったお辞儀をされたそうなんです。

佐野 そういうことね。最近、ビジネスマナーと儀礼マナー、他国のマナーを混同して使っている人を見かけるようになったものね。

緑川 えっ、お辞儀にもいろいろとあるんですか。

佐野 そうなの。そのお辞儀はお店で決めたルールだと思うんだけど、一般社会では不適切かもしれないわ。

緑川 そうなんですか。

佐野 コンスという朝鮮式のお辞儀があるの。おそらくそのお店も朝鮮式のお辞儀をされていたので、緑川さんには違和感があったのかもしれないわね。

　基本的には、男性は左手を上に、女性は右手を上にするそうよ。

　でもね、右手を上にするのが基本で、左手を上にするときは、相手に対して最上の敬意を表していると聞いたわ。それにしても文化の違いを理解するのってむずかしい。

緑川 そういうことだったんですか。ありがとうございます。

佐野 これからお辞儀をするときは、指先を少しだけ手の平

相手に対する礼節として、最も自然な所作。「心」を届けるお辞儀は、手を重ねた腕を自然に下ろしたポーズだと覚えよう。

和装のときに意識してかしこまったポーズをとるときの所作。洋装の正礼装や礼装のとき、小ぶりのバックを前に持つときに適する。ビジネスでは、不適切。

側に隠して、重ねた指先をストーンと前に下ろして、肘を張らないようにお辞儀をしてみて。

緑川 はい、実践してみます。

勝田 次長、お忙しいところありがとうございます。

佐野 そうそう、いい機会だから、もう一つだけアドバイスさせて。

緑川 お願いいたします。

佐野 最近、ビジネススーツを着用したときにね。和装の所作をする人がいるようだけど、これも気をつけたほうがいいかな。状況や場面に合った所作をすることがポイント。目的や状況に合わない振る舞いは、美しいとは言えないわ。

緑川 初めて知りました。

勝田 次長、助かりました。また、わからないことがあった

ら教えてください。

> 佐野次長のアドバイスにより、今まで疑問だったお辞儀について理解した緑川さん。ビジネスでは、どのようなお辞儀をすればいいのか？ 緑川さんの向学心が高まってきたところで、お辞儀と挨拶の仕方を学ぶことにしましょう。

理解を深める

お辞儀をするときは臍下丹田を意識する

お辞儀の基本は、臍下丹田(お臍の下の筋肉)に力を入れ、頭頂部が空中に引っ張られているようなイメージで立ちます。指先を前で重ね、上体を前に傾けます。重ねた手が、右手が上か左手が上かは、特段問題ではありません。

サービス業の場合は、自分の利き手が上になるように重ねると言われています。これは転びそうになったお客さまを支えたり、落ちそうになったものを受け止めたりと、突発的なできごとに対応するため、利き手を押さえつけないということです。

逆に、接客中に腹立たしいことがあったとき、つい利き手

でお客さまを殴ったり、机を叩いたりしないよう利き手を下にすると決めている企業やお店もあるようです。通常、殴るという行為は考えにくいものの、突発的に何が起こるかわからないため、各社がこのようなルールを作っているのでしょう。

　ちなみに、儀礼場面でのお辞儀は「立ち礼」と言います。最敬礼の場合、ビジネスでは上体を倒す角度を45度としています。しかし、改まった式典など儀礼場面では80度になり、手を置く位置は腿の上です。お辞儀は状況や場面で異なることを覚えておきましょう。

理解を深める

「好意の総計」で人の印象は決まる

　印象に関する興味深い研究をご紹介しましょう。
　UCLA心理学名誉教授のアルバート・メラビアン博士は、コミュニケーションのなかでの「言語によるメッセージ」と、視覚(笑顔や表情など)や聴覚(声の調子、話し方)に訴える「非言語によるメッセージ」を比較し、どちらが相手に自分を印象

づけるうえで重要なのかを調査しました。

彼の研究によると、相手に対する好印象のうち、「言語によるメッセージ」が担っている部分は全体のわずか7%。「非言語によるメッセージ」は残りの93%を占めることがわかりました（下を参照）。

私たちのコミュニケーションの多くは、実は、表情や話し方といったコトバ（言語）以外の部分によるところが大きいのです。これはメラビアンの法則と呼ばれています。

〈メラビアンの法則〉

たとえば、AさんがBさんに「悪いけど、週末にクルマを貸してくれる？」とお願いしたとします。Bさんは腕組みをし、顔を伏せたまま「いいけど」と、低い声で返事をしました。そのときAさんはBさんの返事をどう感じるでしょうか？

コトバ（言語）では「YES」ですが、表情や声の調子では「NO」と拒まれているように感じます。メラビアンの法則にしたがって考えれば、このように言語コミュニケーションが発するメッセージと非言語コミュニケーションによるメッ

セージが食い違う場合、非言語の印象のほうが強く伝わってしまうのです。

　言い換えれば、言語だけのコミュニケーションだけではダメで、私たちは声の調子や言葉づかいも強く意識してコミュニケーションを図る必要があるのです。「視覚・聴覚・言語」すべてが整ったときに、私たちは「好意」の総計が100％になる、すばらしい印象を持たれるとも言えるでしょう。

　身体に支障がある人でも、五感がカバーしてくれます。相手に対する礼節や思いやりは「非言語的コミュニケーション」を通じて必ず伝わるのです。

行動する

会釈・敬礼・最敬礼をマスターする

目　　礼	会釈・黙礼(15度)	敬礼(30度)	最敬礼(45度)
●最も軽い挨拶のかたち(アイコンタクト) ●お客さまや会社の人と目が合い、相手の礼に応えるとき	●軽く上体を下げる程度のお辞儀のかたち ●仕事場、廊下、その他で上司や先輩、同僚とすれ違うとき	●最も一般的なお辞儀のかたち(あらゆる場面で使う) ●お客さまや上司と接するとき	●最も丁寧なお辞儀のかたち ●不都合があったとき(お詫び)や感謝の気持ちを表すとき

CHAPTER 01 印象 ▼ [挨拶・身だしなみ]

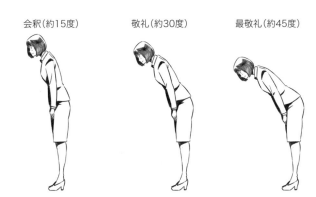

会釈(約15度)　敬礼(約30度)　最敬礼(約45度)

　お辞儀を実際にやってみよう。誰かにあなたのお辞儀をチェックしてもらい、修正点を指摘してもらうと、自分の挨拶のクセがわかる。目礼は、目線をまっすぐ前に向けるのがコツ。この状態のまま眼球を動かさず、首ではなく上体を倒すと、その角度に合わせて目線は下がる。

❦ ワンポイント ❦

「基本の挨拶」「接客用語」を音でマスターしよう

いらっしゃいませ

いらっしゃいませ

おはようございます

おはよう ございます

はい、かしこまりました

はい かしこまりました

お世話になっております

おせわになっております

少々、お待ちくださいませ

しょうしょう おまちくださいませ

恐れ入ります

おそれいります

失礼いたします

しつれいいたします

大変お待たせいたしました

たいへん おまたせいたしました

申し訳ございません

もうしわけございません

ありがとうございます
ありがとうございました

ありがとうございます
ありがとうございました

【音符制作 新島豪氏】父親の影響でジャズに興味を持ち、渡米中に触れた本場の音楽に刺激され自身のプレイスタイルを確立。あらゆるジャンルのピアニスト、ミュージカル劇伴の作曲など、幅広く活動中。

CHAPTER 01 印象 ▼【挨拶・身だしなみ】

「非言語コミュニケーション」を磨く

　コトバ以外の非言語コミュニケーション(笑顔や表情、声のトーンなど)の使い方に気をつけるだけでも、相手に与える印象をプラスに変えていくことができることは、好意の総計(P30)のところで説明しました。

　初対面の人と良好な人間関係をつくっていくために「好意の総計をアップしていくための５つのポイント」についても整理しましょう。

① 笑顔

　極端に歯を見せると、単に「笑っている」だけと勘違いされることも。相手に優しい視線を向けながら、口を閉じて口角を持ち上げることで「好印象の笑顔」がつくれます。

② 身だしなみ

　襟やそで口が汚れていないか、ボタンがとれていないかなど、清潔感があり、働きやすい服装かどうか(女性なら、かがんだときにスカートが短くないか、男性ならスーツがブカブ

カでないか)を確認しましょう。制服を貸与されている人は、社内のマニュアルにそっているか確認すること。誠実さの伝わる着こなしをします。

③ 所作

お客さまは、受付やカウンターなどでキビキビした人、手際の良い人、対応が早い人などに対応してもらうと気持ちがいいもの。ただし、パンフレットや書類の受け渡しをするときは、「自分のペース」よりも「お客様のペース」に合わせて、丁寧に確実に行いましょう。

④ 声の調子

電話応対をするときの明るい声の定義は、音階の「ソ音」が最も心地よいと言われています。対面では半音くらい低くても良いでしょう。また、挨拶コトバは、2音目を上げ、徐々に音階を上げると明るく聞こえますが、語尾を下げると暗い印象を与えます(P34のワンポイント参照)。

⑤ 話し方

「あたし的には～」「1万円からお預かりします」「それはヤバいですね」、「◯◯ってあるじゃないですか?」など、流行語の多用はご法度。こうした話し方は嫌悪感を持たれてしまいます。気づいていない話しグセがないか、ときどき周りの人に確認してもらいましょう。

身だしなみ

気づく

！

行動する前に相手の基準で考えよう

佐野　緑川さん、少し話があるんだけど、今いい？

緑川　はい。

佐野　昨日、化粧室でエナメルを塗っていたんですって？

緑川　はい。

佐野　終業間際だったそうね。

緑川　コンサートがあったので早く会社を出ようと思い、少しだけ早く準備をはじめました。

佐野　そうだったの。実は他部署の人からエナメルのことについて報告があったんだけど、就業時間内に塗っていたのなら言われるのもしかたがないわね。

緑川　……

佐野　あっ、ちょうどよかった、勝田さん。

勝田　はい。何でしょうか？

佐野　緑川さんの本日の振り返りは、何を予定しているのかな？

勝田　身だしなみについてです。

佐野　ちょうど良かったわ。今日のパートは特に勝田さんか

らしっかり学んでおいて。勝田さん、後はよろしくね。

勝田 はい、わかりました。でも身だしなみとおしゃれの違いは、説明しにくいので、ここを伝えるのがなかなか大変なんです……。

佐野 わかってる！　そこも含めてお任せします。

勝田 緑川さん、いったい何があったの？

緑川 実は昨日、私の配慮が足りなくて……。

勝田 どういうこと？

緑川 昨晩、コンサートがあって、できるだけ早く会社を出るために終業時間の10分くらい前に化粧室でお化粧直しついでに、エナメルを塗っていたんです。

勝田 そうかぁ。

緑川 はい、さきほど次長のお話を伺って気がつきました。申し訳ありませんでした。

勝田 「終業時間まで」が「仕事の時間」なので、必要に応じたお化粧直しはいいけど、エナメルは家ですませておくべきだったね。

緑川 はい、今後は気をつけます。

勝田 覚えているかなぁ。以前の研修で次長が「相手に対する敬意がマナーだと思う」と言っていたんだが。

緑川 はい、とても印象的な言葉だったので覚えています。

勝田 自分がどう行動していいかわからないときに僕は、こ

 緑川若菜  勝田正義 佐野次長

CHAPTER 01 印象 ▼【挨拶・身だしなみ】

の「敬意」という言葉を「基準」に置き換えて考えるようにしているんだ。「相手の基準がマナーだと思う」ということかな。

緑川 「相手の基準」がマナーですか。そう言われれば、昨日、トイレに人がいらしたので……。配慮が欠けていました。

勝田 そうだね。でも、気がついたんだからもういいよ。次から気をつければいい。入社当時の僕も緑川さんと同じだったしね。いい機会だし、テキストを見ながら身だしなみについて復習していくことにしようか。

緑川 はい、よろしくお願いいたします。

※「エナメル」とは慣例的に使っている「マニキュア」のことです。

> 「家で過ごす」ときと「会社で過ごす」ときに配慮すべきことが違うことを改めて感じた緑川さん。化粧室も多くの人が利用するという点で、公共の場だと知りました。身だしなみとは、いったいどこまでの範囲を指すのか、いっしょに学んでいきましょう。

理解を深める

「服装・表情・言動」を整えるのも身だしなみ

　身だしなみとは、服装をはじめ表情や態度・言動を整える心がけのことです。

　たとえば、自宅でくつろぐようなラフな服装、寝起きの顔のまま人前に出るのは、ビジネスパーソンとしてはマナー違反。「どうせ制服に着替えるんだから」と、出勤時に好き勝手な身だしなみをするのも避けたいことの一つです。

　なぜでしょうか。

　私たちは自宅から一歩出たら「私人から公人」となるからです。

　思い出してみてください。入社時、自宅から会社までの通勤経路を総務部に申請しませんでしたか。これは会社に交通費を請求するためだけではなくて、通勤途上でトラブルが起こった場合に、労災申請ができる範囲だからです。

　つまり、通勤時間も法律上は「勤務時間」とみなされるわけです。ですから、自宅から一歩出たら会社を代表する一人として、会社の品格を落とさないように身だしなみには注意

を払う必要があるわけですね。

　では、具体的に仕事にふさわしいのはどんな服装でしょうか。

　基本は、男性も女性もスーツです。

　最近、街中を歩いているとカジュアルスーツを着こなしている人もみかけますが、金融機関で働く人は、落ち着いたダーク系のスーツが多いように思います。

　なぜ、ダーク系のスーツが多いのでしょう。

　ダークスーツはネクタイなど小物を変えれば、急な通夜などがあった場合でも着用でき、汎用性が高いからです。もちろん、パーティーなどの改まった席でも通用します。また、英国紳士の間で重宝されてきたことからもわかるように、特に紺色は相手に誠実なイメージを与えます。黒やダークグレーなども同様の理由です。

　ただし、濃い色のスーツを着用するときは、ゴミや糸くずなどが付着すると目立ちます。ゴミや糸くずがついていたままだと、「気が回らない人」「マナーが身についていない人」などの印象を与えてしまいかねません。トイレに立ったときなどにゴミや糸くずがついていないか、鏡で確認してみましょう。

　また、金融機関で働く女性は、制服着用が義務づけられていることが多いですが、これは清潔感が漂う制服の着こなし

が相手に清楚なイメージを与えるからです。その印象から「私の用件を迅速に処理してくれそう」「話をよく聞いてくれそうな女性だ」「この銀行なら安心してお金を預けていい」などお客さまは安心することができます。

また、スーツを着用しないときは「ブラウスとスカートにジャケット」の組み合わせがおすすめ。このときのチェックポイントは、「相手に違和感や不快感を与えていないか」ということ。こうした気配りも大切です。

身だしなみのルールは、業界や男女によって多少の違いはありますが、共通するポイントは3つです。

① 清潔(洗髪して、洗濯したものを着用)
② 機能(動きやすい、働きやすいもの)
③ 調和(業界や組織風土、職務内容に合うもの)

身だしなみについては、この3つのポイントが守られていれば問題ありません。ただ、日本の会社では「調和」を重んじているため、組織によっては「服務規程」として、決まりをつくっています。私たちは、通勤時を含め仕事で多くの人と接します。そのとき、嫌な印象をまき散らしては、周りの人に不快な思いをさせてしまいます。「清潔」であることは大前提です。

そして、働きやすい・動きやすいといった「機能」を重視

した身だしなみをしましょう。一般ビジネスシーンでは、新年恒例の「大発会」を別として、職場に着物を着てくる人はいません。他方、呉服屋さんや日本料理屋さんでは、着物の着用が求められます。その業界にふさわしい「調和」が尊重されているということです。

行動する

「眼輪筋」「口輪筋」を意識して明るい表情をつくる

　身だしなみと言うと、服装が整っているかどうかにばかり目がいきがち。しかし、表情や姿勢に意識を向けることも大事です。無表情、背筋が伸びず、くだけた立ち姿などは、相手の目に映る印象を悪くするため、注意が必要です。お客さまに微笑むような優しい視線を向け、口角は上がっているほうが好印象です。

　お客さまが真剣な話をしているときは、口を真一文字にして、真顔で接します。口角が下がっていると、暗い・無愛想といった印象を与えてしまうため、表情としては不適切。鏡を見ながら笑顔と真顔の訓練をしましょう。

❀ ワンポイント ❀
眼輪筋と口輪筋で表情をつくる

表情筋 眼輪筋&口輪筋	目		
	①	②	③
口	④	⑤	⑥
	⑦	⑧	⑨

①②③ … 口角が上がっている表情が「笑顔」。
④⑤⑥ … 口を真一文字にしている表情が「真顔」。
⑦⑧⑨ … 口角が下がっている表情は、暗い、無愛想な印象を与えます。接客時は不適切。
①④⑦ … 自分が下を見ているとき、相手の目に映る表情。

　この9つの表情を意識的につくってみたときに、むずかしい表情が一つある。⑨の表情だ。なぜならば、相手に優しい視線を向けているとき、誰もが自然に口角が上がるため。自分の気持ちや感情は、自然に口角に表れますので、気をつけたいもの。また、口元が表情の良し悪しを決めているのがわかるので、鏡を見て、表情をつくる練習をしよう。

CHAPTER

01

印象 ▼

［ 挨拶・身だしなみ ］

気づく

！

「身だしなみ」と「おしゃれ」は使い分ける

勝田　身だしなみについて、少しは整理できたかな？　『自分の好き嫌い』よりも『お客さまといい関係をつくっていく』ための身だしなみを考えられれば、やっていいことと、そうでないことがわかってくる。

　ここが整理できると身だしなみとおしゃれの使い分けが自然にできるようになってくるはずだよ。

緑川　さきほど勝田さんがお化粧をするのはいいけど、エナメルは家ですませようとおっしゃっていたこともそうですか？

勝田　そういうことかな。社会人になったら、身だしみとしてお化粧はするよね。

緑川　高校を卒業するときに化粧品メーカーの美容部員さんが学校に来たんです。メイクについて学んだ理由がわかってきたような気がします。

勝田　寝起きのような素顔は、マナー違反だって言うからね。中には肌が弱い人もいるが、そういう人は色つきのリップクリームをつければ、表情が明るく見えるよ。

 緑川若菜
 勝田正義

お化粧はそもそもお客さまに心地よさを感じてもらうための配慮だからね。垢がたまらないように爪を切るのもそのためなんだ。

緑川 爪は短くすれば割れにくくなります。

勝田 だったら、爪を短く切って透明なエナメルでもいいわけでしょ？　緑川さんも爪が割れやすい人なのかな？

緑川 いいえ。

勝田 エナメルは、あくまでも個人のおしゃれだと思うんだ。プライベートと区別して楽しめばいいと思うよ。何か質問ある？

緑川 それでは身だしなみチェックの項目で、注意しておくことはありますか？

勝田 パフュームやオーデコロンかな。おしゃれとしてはいいけど、フロアや窓口で仕事するときは気をつけたほうがいい。お客さまがパフュームをつけていらっしゃることもあるからね。

　パフュームは単体ではいい香りでも、店内でいろんな香りが混じりあうと悪臭になることがあるんだ。

緑川 わかります。

勝田 だから、仕事中はつけないほうがいいと思う。

緑川 「お客さまといい関係をつくるため」を前提に服装やお化粧のしかたを考えていけばいい、ということですね。

> ようやく身だしなみとおしゃれの違いがわかった緑川さん。相手に心地よさを感じてもらうための身だしなみとは、いったいどういうものか。自分の身だしなみが気になります。あなたも、いっしょにチェック表で確認してみましょう。

理解を深める

あなたの身だしみをチェックしてみよう

　チェック表で自分の身だしなみを確認しましょう。あなたの印象は、相手が感じとるものですから、第三者に評価してもらうことが必要。

　チェック表を評価してくれる人に渡し、×がついた項目に関しては、アドバイスをもらいましょう。

〈男性編〉

	チェック項目	○×
	洗髪している	
	香料の強くない整髪料を使っている	
	ヘアカラーの彩度や明度を押さえている	
	髪が襟足についていない	
	ヒゲの剃り残しがない	
	口臭がしない	
男性編	爪を切り、垢が溜まっていない	
	プレスされたビジネススーツを着用している	
	洗濯されたワイシャツを着用している	
	首周りのサイズが合っているワイシャツを着用している	
	ズボンの裾に綻びがない	
	パフュームやオーデコロンをつけていない	
	スーツ用の靴下を履いている(靴下の色がスーツの色に合っている)	
	黒色(ストレートチップ、プレーントゥ)の革靴を履いている ※スーツの色目に合わせて茶色も可	
	メンテナンスが行き届いている靴を履いている	

※冠婚葬祭時でも履ける靴が、「ストレートチップ」と「プレーントゥ」です。

48

〈女性編〉

	チェック項目	○×
女性編	洗髪している	
	香料の強くない整髪料を使っている	
	ヘアカラーの彩度や明度を押さえている	
	執務の邪魔にならないヘアスタイルをしている	
	派手な化粧をしていない	
	口臭がしない	
	爪を切り、垢が溜まっていない	
	派手なアクセサリーをつけていない	
	制服やスーツまたはジャケットを着用している	
	エナメルをつけていない ※つけている場合は、自然色(透明、淡いピンク、ベージュ)	
	自然色(肌色)のストッキングを履いている	
	パフュームやオーデコロンをつけていない	
	ビジネスカラーである黒色の革靴を履いている ※スーツの色目に合わせて茶色も可	
	かかとが固定されている靴を履いている　※ミュールは禁忌	
	メンテナンスが行き届いている靴を履いている	

「8割以上に○がついていれば合格」としたいところですが、身だしなみの場合、「洗髪していない」「口臭がする」など、いくら他の項目が○でも、相手に不快な思いをさせてしまうことも。すべての項目に○がつくことを意識して、身だしなみを整えましょう。

理解を深める

平服は「普段着」ではなく「準礼装」のこと

　ある日、ホテルで仕事の打ち合わせをしていたときのこと。結婚式か披露宴に出席するようで、着飾った人がロビーにたくさんいました。ドレスコードの有無はわからないものの、瞬間的に感じたことは、儀式に参列するような身だしなみではないということです。私から見ると、ちょっとおしゃれをしている程度で、主役や親族の方々へ敬意を払っているようには思えない服装でした。

　実際、結婚式のスタイル自体が簡略化してきたので、参列者もあまりかしこまらなくてもいいと勘違いしているのでしょう。こんな話をすると、「招待状に平服でお越しください、と書いてありました」と、言われることがあります。

　平服とは、普段着やスーツではなく、正礼装のすぐ下の格『準礼装』という意味です。

　ですから、披露宴の案内に「平服で」と書かれていたら、準礼装を意味していることに注意して洋服選びをしましょう。儀礼の場面では、一層身だしみに気をつけたいものです。

CHAPTER 01 印象 ▼ [挨拶・身だしなみ]

行動する

身だしなみから誠実・堅実さを感じてもらう

　48・49ページの【理解を深める】で、身だしなみチェックをしてみましたか。項目に書かれていることを実践するだけで、あなたは立派なビジネスパーソンです。

　背筋は伸びているか、状況に合った表情をしているか、汚れや乱れはないか、足や手のさばきはスマートかなどを気にかけ、身だしなみの仕上げをしましょう。

1. 胴体と腕(肘)の間に隙間を見せない
2. 足先を少し閉じた感じ
3. 男性は、ホワイトシャツ
4. ネームプレートもしくはネームホルダーをつける

51

［ まとめ ］
✤ 考えてみよう ✤

CHAPTER 1 では、マナーで最も重要な「印象」について学びました。お客さまと良好な人間関係を築き上げていくためにも、最初にどのような印象を与えるのかが肝心です。この「印象」の重要性を理解したら、いろいろな場面での「振る舞い」が違ってきます。

CHAPTER 2 では、「立ち居振る舞い」と「名刺交換」について学びましょう。

銀行員の日々に「Focus」

わたし、メインバンクを替えたの

知り合いが、世間話をする中で元のA銀行からB銀行へすべての財産を移したと言います。銀行口座はいろいろな取引や引き落としがあるため簡単には移せませんし、手続きが煩わしい。普段はほぼすべての金融取引をＡＴＭかネットですませているのに、何があったのでしょう。「元のA銀行になにか不手際でも？」と尋ねると、「その反対」との答え。B銀行の 1 人の担当者がすばらしかったからだと言うのです。窓口で手続き待ちの際、たまたま終身保険の店内ＰＯＰを眺めていたときに声をかけられたと思ったら「いっしょに私のこれからのことを心配してくれるのよ」と。

いっしょに考えるではなく、心配してくれる。そしてアドバイスしてくれる。だからメインバンクを替えたそうなのです。

CHAPTER 02

振る舞い
▼
[立ち居振る舞い・名刺交換]

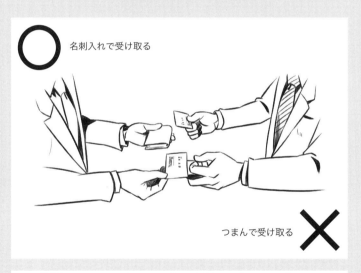

○ 名刺入れで受け取る

つまんで受け取る ✕

「思いやりの心」は立ち居振る舞いに表れる

「モノの受け渡し」「名刺交換」など立ち居振る舞いは相手の流儀にあわせてスマートに。こうした心配りが組織としての信用・信頼にもつながっていきます。

所作

気づく

！

人にモノを渡すときは「両手」が原則

勝田 緑川さん、今日のハイカウンター業務はどうだった？

緑川 口座開設のお客さまが何人もいらっしゃって、結構忙しかったです。

勝田 それは、お疲れさま。ところで、緑川さんの応対をちょっと見ていて、気になる点が2つあったかな。

緑川 何でしょうか？

勝田 お客さまに書類の記入箇所をお知らせするとき、ボールペンのペン先で示していなかった？

緑川 そう言われてみれば……。

勝田 手の平を上に向けて示すって研修で習ったでしょ？鋭利なものをお客さまに向けたり、鋭利なもので何かを指し示したりするのは、タブーなんだ。

緑川 わかりました。

勝田 それからカルトンに通帳とお金を載せたあと、それを片手で出していなかったかなぁ。業務に慣れてきたことはうれしいが、忙しくなってくると、緑川さんは目の前のことで精いっぱいになるのかもしれないね。丁寧に振る舞うように

緑川若菜

勝田正義

意識してみたらどうだろう。

緑川　お客さまをお待たせしないように、状況によってはカルトンを片手で出すこともありますが、不快感を与える振る舞いはしていないと思います。

勝田　お客さまの大切なお金をお預かりしているので、モノの取り扱いや振る舞いには、さらに注意をしてもらいたいんだ。

緑川　わかりました。でも、片手で出すことがそんなに悪いとは思えないんですけど。

勝田　もちろん、気にしないお客さまがいるかもしれないが、一方で、そうでないお客さまもいると思うんだ。すべてのお客さまのことを考えていくことが大事かな。いい機会だから今日は、『モノの受け渡し方』について復習してみよう。

緑川　はい！　お願いします。

勝田　質問するけど、モノの受け渡しを丁寧にする目的は何だと思う？

緑川　モノの取り扱い方で考えてもいいですか。

勝田　いいよ。

緑川　たとえばですが、ＩＣカード乗車券を改札でタッチするときのことですが、激しく打ちつけている人を見かけます。

勝田　そう言われてみれば、僕もよく見かける。

緑川　モノの取り扱いには、人柄が現れると思うんです。乱

雑な人に出会うと、「この人、なにか嫌なことでもあったのかな」と、つい詮索してしまいます。見ていてあまりいい気分はしません。同様にモノの受け渡しもこちらがぞんざいだとイメージダウンになるので、丁寧にしなければならないのだと思います。

勝田　その通り。もっと重要なことがあって、ＩＣカード乗車券のケースは機械が相手だからまだ許されるかもしれない。けれど、もし行為の先にお客さまがいたとしたら？

緑川　そうですね。「痛い。もっと優しくして〜」という感じでしょうか。

勝田　緑川さん、なかなかの役者だな！　いまの気持ちがまさに、丁寧な振る舞いをする目的だと思うよ。

緑川　立ち居振る舞いを丁寧にすると、それを受けたお客さまは大切な存在として接してもらっていると感じるんですね。これで、勝田さんがおっしゃっていた両手でカルトンを持ちましょう、という意味がわかりました。

　勝田さんのアドバイスに対して、「別に間違った振る舞いをしているつもりはありません」と主張する緑川さん。しかし、業務に慣れてきて、行為の先にいるお客さまの気持ちに配慮が足りなかったと気づきます。相手を思う気持ちが行動に表れることを知り、一から学び直すことにしました。

理解を深める

ローマは一日にして成らず

「ローマは一日にして成らず」。何か大きなことを成し遂げるのは日々の積み重ねである。つまり、長い間の努力が必要だという意味です。

この精神を大事にできれば美しい所作(立ち居振る舞い)は、日常生活の中でも身につけることができます。最初は振る舞いがぎこちないとしても、意識的に美しい所作と行動を繰り返せばその型が沁みこみ、自然に振る舞えるようになります。

これを習慣づけるためには、それ相応の時間がかかり、いったん身についたクセを直すにも、時間や年月がかかるものです。

就職活動中、「自分を採用してもらいたい」という思いから、立ち居振る舞いを練習しませんでしたか。そのときは身についたものの、採用してもらうための一過性の振る舞いだった人は、入社後すぐ豹変してしまうもの。美しい所作を身に着けるためには、やはり日々の積み重ねが大切なのですね。

行動する

小さなモノはトレイに載せて、両手で渡す

　名刺、書類、パンフレットや冊子、ペンなどを授受すると
きのポイントは3つ。

❶ 両手で渡す

　渡すものの大小に関わらず、両手で渡すことが基本。
小さいモノを小ぶりのお盆やトレイに載せて両手で渡す
と丁寧な印象を与えます。お金や通帳の受け取りや返却
の際にはカルトンを使用しましょう。

　一般のお店でも、金銭授受のときは大切なお金をカル
トンに載せています。コインの場合は手盆を使う人もい
ます。よりお金を丁重に取り扱っている印象になります。

❷ 相手の状況を考慮して渡す

　相手が受け取りやすい、見やすい、使いやすいように
渡します。また、渡すものの向きやお客さまのお手元ま
での距離を考えて渡します。

　ボールペンならばキャップを外すか、ノックして芯を

出してから渡します。鋭利なものを相手に向けると攻撃的な印象を与えるため、芯を自分の方に向けて渡しましょう。ポイントは、ボールペンを縦に持つということ。

相手の利き手が、右か左かわからない段階では、方向を示す横出しをしないということです。ボールペンを横に持ち、方向を示すような出し方をしないように気をつけます。右手でペン先に近いところを持ち、左手を手盆にして渡します。受け取った人は、そのまますぐ使えるので便利です。

お金と通帳を載せたカルトンを両手で持つ。
お客さまの顔を見て笑顔で渡すのがコツ。

❸ 言葉をひと言添えて渡す

モノを渡すときは、相手の目や手元を見て、「私、○○の□□と申します。どうぞ、よろしくお願いいたします」「こちらがパンフレットでございます。どうぞ、ご覧くださいませ」「こちらをどうぞ、お使いくださいませ」などの言葉を添えて渡します。

モノを受け取るときも同様。相手の目や手元を見て、

「ありがとうございます」「恐れ入ります」「頂戴いたします」「お借りいたします」などの言葉をひと言添えて、両手で受け取るようにします。

行動する

花束は「相手の握手する右手」が使えるように渡す

職場の人が退職するときや人事異動で歓送迎会を行うとき、結婚や誕生日を祝うときなど、花束を渡す機会は意外と多いものです。

大事なことは、花束を受け取る人が「主役」であることを理解し、花束を渡した後に、その人が握手することも考えて、プレゼンターは花束を持ちます。

ここで、主役が花束を持ったときの姿をいっしょに想像してみましょう。

左胸の位置にお花が来るように持ち、右手で茎の方を持つと、左手で花束の上の方を支えることになります。右手が空くため相手と握手しやすくなります。

したがって、プレゼンターは相手の左胸にお花が来るよう

に、左手で茎の方を持ち、右手で花束の上の方を支え、「おめでとうございます」「ありがとうございました」などの言葉を添えてから主役に渡すようにしましょう。

プレゼンターの緑川さん

花束を持ちかえることで、花が散る場合がある。プレゼンターは、主役の持ち方と反対に花束を持って渡すと良い。

行動する

書類やパンフレットは左手を手盆にして渡す

　基本的には、授受するものを尊重する意味で、左手を手盆にして右手で渡します。よく授受したいものを両手で持つ人がいます。これはマナー違反ではありませんが、相手に好感を与えるためには、手盆を活用するとよいでしょう。
　たとえば、卒業証書授与式での光景を思い出すと証書を授け与えられるときのイメージが、両手での授受です。両手で

モノを渡されると、立場が上の人から授け与えられたという感じがして、渡された人は、下に見られているような感じがします。

　モノを受け取るときも同様で、右手で持ち左手盆に載せます。モノを取り扱う所作が丁寧だと、ビジネスにおいても親切・丁寧なイメージを与え、組織として信用・信頼を得ることができます。

書類を右手でしっかり持ち、左手に書類を載せて渡す。お客さまが書類の内容に、すぐ目を通せるように書類の向きに注意を！

気づく

名刺は地位の高い人から交換する

勝田　カルトンやペンの受け渡し方が、上手になったね。とってもスマートだよ。

緑川 ありがとうございます。

勝田 所作を一つずつ練習していくと、あまり意識しなくても振る舞えるようになるだろう？

緑川 そうですね。だんだん所作が身についてきたように思います。

勝田 次は、名刺交換の仕方を確認しよう。実は、名刺交換で苦い思い出があるんだ。融資のご相談でいらしたお客さまと面談したときのことなんだが。

緑川 どうされたのですか？

勝田 狭い会議室だったんだけど、部長が下座側に出てくるのを待てずに、先に名刺交換をしてしまったんだ。お客さまが戸惑っていたなぁ。

緑川 そうですか。

勝田 名刺交換は上位者順だと頭では理解していたけど、焦ってしまったのか。あのときは、経験不足のひと言に尽きるかな。いっしょに復習しよう。

> 名刺を持たされると、多くの人が社会人になったことを実感するそうです。勝田さんの失敗談を聞いた緑川さんは、名刺交換のむずかしさを知ります。相手といい関係を築いていくためにも基本をしっかり押さえておくことが重要。それでは、名刺交換の基本マナーについていっしょに学ぶことにしましょう。

理解を深める

カードケースは名刺入れには適さない

名刺の渡し方でタブーがあります。具体的には、
・名刺を指でつまんで出す
・人差し指と中指で名刺を挟んで出す
・交換の際に落とした名刺を再度出す
などは避けたい行為です。覚えておきましょう。

また、名刺入れの選び方ですが、自分の名刺とお客さまの名刺を分けて入れるためには、ポケットが2つあるものにしたいもの。最近、名刺入れとカードケースを勘違いしている人が多いと感じます。

ポケットが1つだけのカードケースは、電子カードやお店のポイントカードなどを入れましょう。

一番のタブーは、自分の名刺とお客さまの名刺を同じスペースに納めることです。名刺交換をするときに、間違って差し出すことがないように、ポケットが2つ以上あるものを選びましょう。

ポケットが2つ
　一方のスペースが広いので、そこに自分の名刺を多めに入れておくとよい。お客さまの名刺は狭いスペースのポケットに入れ、会社に戻ったら名刺ファイルに入れる。

ポケットが1つ
　自分の名刺の在庫数が一目でわかるように自分の名刺とお客さまの名刺を同じスペースに入れないのが基本。名刺以外のカードを入れるときに使うと良い。

名刺は訪問したほうから出す

　名刺は「自分の分身」と言われます。お客さまのものはもちろんですが、自分の名刺も丁重に取り扱うようにしましょう。

　名刺交換は日本文化の一つであるため名刺入れの持ち方では、和の文化を取り入れています。

　具体的には、鋭利なものを相手に向けないようにするという考えから名刺入れの「輪」の部分を相手に向けて渡します。縦名刺や横名刺の別なく、名刺入れは横に持ちます。

名刺入れのふたを閉じたとき、折れ曲がったほうが「輪」。こちらを相手に向けるのがポイント。

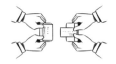
横名刺でも縦名刺でも、名刺入れは横に持つ。

(1) 名刺交換のポイント

① 名刺は訪問した人(取引関係の度合いや立場が低い人)から先に出す

※お客さまが先に出したときは、「申し遅れました」と言ってから名刺を出します。

② 名刺を差し出すときは、組織名と氏名を名乗ってから渡す

※同時交換の場合は、双方が名乗り合ってから交換します。

③ 名刺を右手で持ち、名刺入れを持った左手を添える

※名刺(分身)を名刺入れ(座布団)に載せることで相手への敬意を表します。

④ 相手の胸のあたりに名刺を差し出して、「よろしくお願いいたします」と挨拶し、お辞儀をする

名刺交換を同時に行う場合、お互いに名乗り合ってから名刺を持ち、お互いの名刺入れの上に載せる。

お客さまの名刺を自分の名刺入れの上で受け取れるよう準備をする。

⑤ 相手の名刺は、名刺入れで受け取る

　　※名刺入れを持っていないときは、右手で名刺を受け取り、左
　　　手盆に載せます。

⑥ 相手の組織名(会社名)・氏名を確認する

⑦ 「どうぞ、おかけください」と着席を促されてから、「失
　　礼いたします」と言って着席する

（2）複数人と交換するときのポイント

　上位者と下位者の複数人で名刺交換するときにもルールが
あります。ただし、お客さまの名刺の出し方に影響を受ける
ため、必ずしもルール通りにならなくてもマナー違反ではあ
りません。相手が差し出した名刺は上位者、下位者にこだわ
らず臨機応変に対応する柔軟さも大事。

　ここでは、お客さま2名と訪問者2名の基本パターンを紹
介しましょう。

① 並び方

　　お客さまは横並び、訪問者は縦並び。
これが名刺交換時の基本スタイル。し
かし、お客さまの動きに合わせること
もマナーと心得、臨機応変な振る舞い
をする。

〔お客さま〕

上位者　　下位者
　●　　　　●

○ A 上位者

○ B 下位者

〔訪問者〕

② 交換の順番

　Aさんが、お客さまの上位者と交換した後、Aさんはお客さまの下位者の前に移動する。

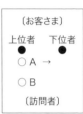

　Aさんが下位者の方へ移動して、交換しているとき、Bさんがお客さまの上位者と交換する。

③ 交換後の振る舞い

　Aさんは、交換を終えたら一歩下がる。そのとき、Bさんは下位者の前に移動して交換する。お客さまの上位者は、交換を終えたAさんに着席を促す。同様にお客さまの下位者がBさんに着席を促す。

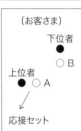

[まとめ]
考えてみよう

「立ち居振る舞い」と「名刺交換」は経験を積めば、臨機応変に対応できるようになります。立ち居振る舞いと同様に、繰り返し練習が必要なのが「言葉づかい」です。CHAPTER 3では、思わず素の自分が出てしまう「言葉づかい」について学びましょう。

CHAPTER 03

言葉づかい
▼
[尊敬語・丁寧語・謙譲語]

相手を「敬う気持ち」を言葉にして伝える

お客さまや取引先の方などと「いい人間関係」を築くために欠かせないマナーのひとつが敬語でしょう。敬語は先人たちが引き継いでくれた「言葉の財産」。一つひとつの敬語の意味を理解しながら、基本をいっしょに学びましょう。

言葉づかい

お願いは「命令形」ではなく「依頼形」で

緑川 お客さま！ 並んでください。
お客さま 客に命令するのか！
緑川 皆さんが並んで待っていますので、お客さまも順番通り並んでください。
お客さま 命令するなって、言ってるだろ！
緑川 お願いいたします。並んでください。
警備員 失礼いたします、お客さま。不快な思いをさせてしまいました。誠に申し訳ございません。ご覧の通り、大型連休前で大変ＡＴＭが混み合っております。ご不便とご迷惑をおかけいたしますが、お客さまにはご理解いただけると思っております。○○分程、こちらでお待ちいただけますか？ よろしくお願いいたします。
お客さま あぁ〜わかったよ。それにしても今日は混んでるねぇ。
勝田 緑川さん、今日は大変だったみたいだね。
緑川 はい、疲れました。ＡＴＭの列に割り込もうとしているお客さまに「並んでください」ってお願いしただけなのに、

緑川若菜
勝田正義

何を怒っているのかよくわかりません。

勝田 「並んでください」って言ったの？

緑川 はい。

勝田 原因がわかったよ。緑川さんが「〜ください」と言ったからだよ。

緑川 お願いするときは、こんな言い方をしませんか？

勝田 使うときもあるけど、基本的に「ください」は丁寧語「くださる」の命令形だから。お客さまとしては、命令された気分がして嫌だったんじゃないかな。

緑川 「くださいませ」でもダメですか。

勝田 そうだな。少し言葉は和らぐから、「ませ」をつけることは、よくあるよ。でもね、この「ませ」も助動詞「ます」の命令形なんだ。

緑川 知りませんでした。勝田さん、いったいどう言えばいいんですか？。

勝田 命令形を依頼形に変えればいいと思うよ。

緑川 「していただけますか」ですか。

勝田 その通り。

緑川 言葉づかいってむずかしいですね。マナーを知って気づいたのですが結構、今まで使っていたかもしれません。手紙で「ご自愛くださいませ」って書いていますけど、これもダメですか。

CHAPTER **03 言葉づかい** ▼ [尊敬語・丁寧語・謙譲語]

勝田　多用はダメだけど、手紙文の最後で「〜してもらいたい」という意味で使う場合はいい。本当、言葉づかいってむずかしいよ。

緑川　混乱してきました……。

勝田　緑川さんの気持ちも、よくわかるよ。僕も慣れるまで大変だった。特に言葉づかいはね。とにかく学んで実際に使ってみることかな。さて、今日はどの辺からはじめようか。

緑川　基本的なことから復習したいです。敬語の使い分けや正しい言葉の使い方とか。それから、間違った言葉づかいがあったら教えていただければうれしいです。

勝田　わかった。とにかく振り返りからはじめよう。

　敬語づかいのむずかしさを知った緑川さん。普段、良かれと思って使っている言葉についても、相手に失礼な言い回しがあるのではないかと思い、知識を深めようと思いはじめました。敬語の使い分けは、社会人として一人前になるための登龍門。正しい言葉づかいを体得しましょう。

理解を深める

敬語は「5分類」に分けられる

　そもそも敬語は、なぜ必要なのでしょうか？　社会にはさまざまな立場の人がいて、その中で気持ちよく生活するためには、言葉づかいを伴ったコミュニケーションが大切です。誰に対してもお友だち感覚の話し方をすると、社会では信頼を損ねます。相手に対する「敬意を示す言葉」として、「敬語」は必要なのです。

敬語の種類

❶ 尊敬語

　相手の行為や状態を表現する言葉。相手を立て、高く位置づけて敬意を示す言葉

　たとえば、

　〈行為〉「(昼食を)召し上がる」「おっしゃる(通り)」「(新聞を)ご覧になる」

　〈状態〉「(出張で)お忙しい」「ご回復」「ご立派」

❷ 丁寧語

　言葉自体を丁寧に表現し、相手を敬う言葉

たとえば、「〜です」「〜ます」「〜でございます」

❸ 謙譲語Ⅰ

自分から相手に向かう行為を表現する言葉。相手を立て、自分をへりくだることで敬意を示す言葉

たとえば、「申し上げる」「(資料を)拝見する」「差し上げる」「お目にかかる」「ご説明」「(こちらから)伺う」

❹ 謙譲語Ⅱ

自分の言動や物事を相手に丁重に述べることで、相手に敬意を示す言葉

たとえば、「(昼食を)いただく」「いたす」「申す」「おる」「拙宅」「小生」

❺ 美化語　※敬意を表す接頭語のこと

ものの言い方を丁寧・上品にする場合、言葉に「お」や「ご」をつける

たとえば、「ごはん」「お水」「お茶」「お食事」「お酒」「お料理」「お花」「お手洗い」「お召し物」「おぐし」

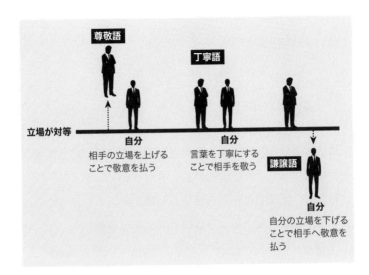

相手と自分の立場をどこに置くのかは重要だと思って、敬語の使い方について絵を書いてみたの。丁寧語のイラストをみてもらえる？　立場は対等。でも相手がお客さまだった場合、敬うために使うのが、「です」「ます」かな。また、世の中には立場の上下にこだわる人がいる。そういうときは相手を奉る表現として尊敬語を使うといい。

反面、謙虚な姿勢で自分の行為を謙譲語で表現して、自分の立場を低めることで相手を敬うこともあるの。

理解を深める

敬語の使い分けができて一人前

　社会人は、相手の立場や自分と相手との関係に応じて敬語を使い分けることが望ましい。

　しかし、間違った使い方をすると恥をかいてしまうため、せめて丁寧語は使えるようにしておきましょう。

基本語	尊敬語	丁寧語	謙譲語
言う	おっしゃる	言います	申す
聞く	お耳に入る	聞きます	伺う，拝聴する
見る	ご覧になる	見ます	拝見する
食べる	召し上がる	食べます	いただく
する	なさる，される	します	いたす
行く	いらっしゃる	行きます	伺う，参る
来る	いらっしゃる	来ます	参る
	おみえになる		
	おいでになる		
	お越しになる		
思う	思し召す	思います	存じる
知る	ご存じ	知っています	存じる
与える	くださる	あげます	差し上げる

　敬語は、普段から使い慣れていなければ、とっさの場面で出てこないものです。敬語をマスターするためには、「です」「ます」を使うのは当たり前と心得、自然に言えるようにしましょう。
　次に、自分の行為を常に「謙譲語」で表現することを意識すること。最後に、相手の行為を「尊敬語」で表現できるようにしましょう。これで無理なく段階的にマスターすることができます。

クッション言葉で印象をやわらげよう

　相手に何かを伝えるとき、本題の前にクッション言葉をつけると、相手に丁寧で柔らかい印象を与えることができます。たとえば、先輩に「この段ボールを書庫まで運びたいのですが、手伝っていただけますか？」と言う場合、「恐れ入りますが」を言ってから、本題に入ると、柔らかい印象に加え、謙虚な姿勢が伝わります。

　このクッション言葉には、さまざまな種類があり、目的別で使い分けをします。

> ❶ お願い
> 「**恐れ入りますが**、こちらにおかけになって、お待ちいただけますか」
> 「**恐縮ですが**、ご返信をお願いいたします」
> 「**お差し支えなければ**、電話番号を教えていただけますか」
> ❷ 指示する
> 「**お手数をおかけいたしますが**、こちらの申込書にご記

入をお願いいたします」

「**大変勝手を申しますが**、○△のご手配をよろしくお願いいたします」

「**お手を煩わせますが**、太枠内にご記入をお願いいたします」

❸ 謝る

「**申し訳ございませんが**、改めてお越しいただけますか」

「**ご迷惑をおかけいたしますが**、再度書類をご提出いただけますか」

「**ご期待に沿えず**、申し訳ございません」

❹ 断る

「**申し上げにくいのですが**、今回のご提案は不採用でした」

「**大変、ありがたいお話ですが**、今回はご遠慮させていただきます」

「**心苦しいのですが**、お断りさせていただきます」

❺ 確認する

「**失礼ですが**、どちらさまでいらっしゃいますか」

「**もしよろしければ**、私がご用件を承りますが、いかがいたしましょうか」

「**あいにくですが**、課長の○○は席を外しております。いかがいたしましょうか」

行動する

陳謝の乱発は相手を不快にする

　不手際があった、ミスをおかしたなど、相手にご迷惑をおかけしたとき、社員は組織の代表という意識で陳謝しなければなりません。気持ちを伝えようと、陳謝の言葉を乱発する人がいますが、むしろ逆効果。言葉だけの表面的な陳謝に聞こえるため、乱発は不快感を与えるだけと覚えておきましょう。

❶ 大変、失礼いたしました

❷ 大変、申し訳ございません

❸ ごもっともでございます

❹ おっしゃる通りでございます

❺ 早速、調べてご連絡申し上げます

❻ 誠に不行き届きで申し訳ございません

❼ ご迷惑をおかけして誠に申し訳ございません

❽ ご不便をおかけして誠に申し訳ございません

❾ 今後、充分に注意いたします

❿ 今後、細心の注意を払って参ります

⓫ いろいろとお手数をおかけいたしました

⓬ いろいろとご面倒をおかけいたしました

⓭ 今後ともよろしくお願いいたします

⓮ ご注意いただき、誠にありがとうございます

⓯ ご指摘くださり、誠にありがとうございます

気づく

!

言葉選びで印象はアップする

勝田　先日、研修で『正しい言い方に直しましょう』(P82〜83参照)のワークをしたんだね。僕の手元に緑川さんの回答が届いたんだけど、よくできていると思うよ。

緑川　何かアドバイスがありましたら、よろしくお願いいたします。

勝田　回答に間違いはないよ。ただね、状況や場面でいろんな言い回しがあるんだ。まったく別の言い方になる場合もあるから覚えておこう。

緑川　まだ他にも回答があるということですか?

勝田　そうなんだ。研修テキスト(P82)を見て、**1**からいっしょに確認してみようか。

緑川若菜

勝田正義

緑川 はい。お願いいたします。

勝田 ❶の『その件』というのを明確にして、どこを訪ねたらお客さまの問題を解決できるのかを示してあげることが必要なんだ。たとえば、「相続人変更の件につきましては、3階の5番窓口で対応させていただきます」って感じかな。

緑川 すごい。よりお客さまのご要望に寄り添った言い回しになりました。

勝田 では、❷をお客さまに寄り添った言い方にすると、どうなると思う？

緑川 「すぐに手続きします」という気持ちを添えて、あと何分待たせるのか、その時間を具体的に示したらいいと思います。それから「ください」を依頼形に直します。

勝田 そうだね。では、言い換えてみて？

緑川 「早速、お手続きをいたしますので、10分ほどお待ちいただけますか」でいいですか。

勝田 さらに配慮すれば、「早速、お手続きをいたしますので、あちらの椅子におかけになって10分ほどお待ちいただけますか」っていう言い方かな。

緑川 いろんな言い回しがあるんですね。

勝田 どんなときもお客さまの状況を理解し、心情に寄り添っていくことが大事なんだ。

緑川 はい。

相手の気持ちに配慮した言葉づかい

研修テキスト

「正しい言い方に直しましょう」

1

その件については、
こっちではわかりませんね。

緑川の回答 -

その件につきましては、
こちらではわかりかねます。

2

手続きしますので、
ちょっと待ってください。

緑川の回答 -

お手続きをいたしますので、
少々お待ちくださいませ。

3

また何かあったら、
電話してください。

緑川の回答 -

また何かありましたら、
お電話をくださいませ。

4

資料はもう届いていらっしゃいますか？

緑川の回答 -

資料はお手元に届いていますか？

CHAPTER
03

言葉づかい ▼ ［尊敬語・丁寧語・謙譲語］

5
お名刺の方、いただけますか？

緑川の回答 - - - - - - - - - - - - - - - - - - -

お名刺をいただけますか？

6
課長はお目にかかりますか？

緑川の回答 - - - - - - - - - - - - - - - - - - -

課長はお会いになりますか？

7
私的には、B案がいいと思うんですが。

緑川の回答 - - - - - - - - - - - - - - - - - - -

私（わたくし）は、B案がよいと思います。

8
Aさんと意見がかぶるんですけどぉ～。

緑川の回答 - - - - - - - - - - - - - - - - - - -

Aさんと意見が重複するのですが。

83

勝田 では、**3**を『私が責任を持って対応します』という気持ちで言い直してみて。

緑川 はい。「ご不明な点がありましたら、私、緑川までお電話をお願いいたします」はどうですか。

勝田 その調子で少し感情表現を加えて言ってみてくれる？

緑川 はい。「○月○日に発送した□□の資料は、お手元に届いていますか」ですか。

勝田 緑川さん、コツがわかってきたようだね。**5**と**6**は問題ないから、次は**7**かな。最後に、もうひと言加えるとすればどうなるだろう。

緑川 はい。「私はＢ案がよいと思いますが、いかがでしょうか」。

勝田 そうだね。もし、お客さまに何かを提案したいなら、どのような言い回しになる？

緑川 たとえば、「お客さまのお話を伺いまして、私はＢ案をおすすめいたしますが、いかがでしょうか？」。

勝田 押しつけがましさを感じない、いい言い回しだね。

緑川 ありがとうございます。

勝田 では、最後の**8**も言ってみて？

緑川 はい。「Ａさんの意見で、××という部分は同じです。私の意見として、２点加えさせていただきます」はいかがですか。

緑川若菜　勝田正義

CHAPTER **03** 言葉づかい ▼ [尊敬語・丁寧語・謙譲語]

勝田　緑川さん、申し分ない。

緑川　ありがとうございます。勝田さん、ちょっと聞いてくれますか。先日、ご年配のお客さまに「次回、ご来店のときにご印鑑をご持参くださいませ」と言ったら、「あなたは、正しい言葉を知らないのね」って言われました。

勝田　あぁ〜、相当言葉づかいにくわしいお客さまだったんだね。実は、この部署に配属なったとき、佐野次長から、「印鑑」の意味を教わったんだよ。それまで、私も間違って使っていたんだ。

緑川　どういうことですか？

勝田　緑川さん、ちょっと待ってて、紙に書いて説明するね。

勝田　印鑑というのは、印の鑑って書くだろう？　たとえば、鏡に映った自分の姿のように、鑑はものの形をうつしたものを指すんだよ。つまり、印鑑って印影のことなんだ。考えてみれば、役所に印鑑登録として印影を登録しているけど、判子を登録していないもんね。

緑川　たしかに、そうです。

勝田 だから、印鑑に敬意をあらわす接頭語の「ご」をつけても、判子に化けることはないわけ。みんなが判子のことを印鑑って言うから、慣用語として認知されたんだろうね。ご印鑑って重厚感あるし。たとえば「こちらの書類にご印鑑が必要ですので、判子をお持ちいただけますか」って言ったらいいんだ。

緑川 とっても丁寧な言い方です。

勝田 あとね。これは金融業界の特殊なマナーかもしれないけど、印影は左側に少し傾くようにするといい。

緑川 それは研修で習いました。お辞儀をしているように見えるからですよね。

勝田 そう。まだまだ学ぶことが多いから、あとで研修テキストで振り返ろう。ここで緑川さんに一つ問題を出すよ。問題を紙に書いてきたから見てみよう。

○ **課長** Ａさん、この資料を20部コピーしてくれる？
○ **Ａさん** はい、かしこまりました。課長、何時までに
○ 仕上げたらよろしいでしょうか？
○ **課長** 午後２時までに仕上げて、私のところに持って
○ 来てくれるかな？
○ **Ａさん** 承知しました。

勝田 この課長とＡさんのやりとりだけど言葉づかいでおか

緑川若菜

勝田正義

しいところはある？

緑川 ありません。このままでいいと思いますけど。

勝田 違和感がないよね。でも、言葉の発信元で、言葉づかいは変わっていくものなんだ。

緑川 ということは、「かしこまりました」と「承知しました」が逆ですか。

勝田 課長からの指示をＡさんは承って知ったわけだから「承知しました」。その指示内容に対して質問したのはＡさんで、課長からの回答に対して「はい、かしこまりました」と

言えばいい。言葉の発信元によって、返しの言葉が違うんだ。

緑川 初めて知りました。

勝田 もの言いや音調表現に気をつけることで、相手への印象は良くなるんだ。そうそう、ドキッとするコラムがあったので、紹介しておこう。

あるコラムより 「伝染する言葉づかい」

　若者の間で流行している言葉かと思っていたが、最近では立派な大人たちも使っている不可思議な言葉がある。それは、"ヤバい"という言葉だ。電車の中で耳にする会話、テレビから聞こえてくるタレントたちの会話、一日に何度この言葉を聞くだろう。

　その度に、意味を理解して使っているのだろうかと疑問を感じる。「ヤバい」は、危険または不都合な様子を表している言葉で、大阪弁の一つである。また、まずいと思われる状態を意味する形容詞である。この言葉を使っても問題ないのだが、語源をたどってみると使おうとは思わない。なぜならば、もとは刑務所で服役している人たちの隠語だからである。

　「ヤバ」は、刑務官や看守のことで、何か悪さをしている時、受刑者同士が「そこにヤバがいるぞ」と知らせ合ったことから、「ヤバいる、ヤバいる、ヤバい」となったそうだ。使っても問題ないとは言え、抵抗を覚える言葉の一つである。

（A新聞の投稿欄より）

　語源を知ったうえで言葉を使っている人は少ないかもしれませんね。しかし、「みんなが使っているから」「今流行っているから」という理由で言葉を使っていると、いつまでも正しい言い方を身につけることができません。社会人らしい言い方を早く身につけましょう。

[まとめ]
❦ 考えてみよう ❦

　CHAPTER 3 では、「言葉づかい」について学びました。勝田さんと練習を重ねた結果、緑川さんは言葉づかいが、かなり上達しました。しかし、知識の習得だけでは、いざというときに言葉が出てこないものです。言葉づかいに慣れるためにも、声に出してみること。もし、そのときに違和感を感じたら、辞書などで調べる習慣づけを。積極的にコミュニケーションを図ることで、スムーズに言葉が出てくるようになります。

　CHAPTER 4 では、人間関係を築くうえで重要な「コミュニケーション」について学びましょう。

銀行員の日々に「Focus」
おじぎするハンコ

　初めての金融業務研修を受けたとき、銀行員の上長から最初に教わったことは、「ハンコの押し方」でした。それまでまっすぐ垂直になるように押していました。それを見た上長曰く、「少しおじぎをさせて」とのこと。

　左側に少し傾けて押すようにすると、不思議なことに、私の名前が軽くおじぎをしているように見える。細部にこだわった繊細な文化だなぁと感心しました。それからは書類に捺印するときには、少しおじぎをさせる。これは私のささやかなこだわりです。

CHAPTER 04

コミュニケーション
▼
[聞き方・話し方]

「聞き方」「話し方」で印象はガラリと変わる

無意識の行動やひと言がお客さまに不快感を与えてしまうこともあります。話がはずむためにも、正しい聞き方と話し方をマスターしましょう。

聞き方

話の聞き方にも作法がある

お客さま あなた！ 私の話を聞いてるの？
緑川 はい。聞いています。
お客さま それで聞いているというなら、なおさらのこと、ほかの方にかわってくださいませんか！
緑川 でも……この件の担当は私ですので、引き続きお客さまのお話を伺います。
お客さま そう。そこまで言うなら今日は、もういいです！
緑川 ……。

　　　　　＊　　　　　＊　　　　　＊

支店長 お客さま、お話し中、失礼いたします。私、支店長の山内と申します。今回は年金運用のご相談でお越しいただいたと承っております。ぜひとも、お話を伺いたいのですが、いまからお時間はありますか？ あちらにお部屋も用意いたしました。
お客さま まぁ、30分くらいならどうにか……。
支店長 ありがとうございます。30分で十分でございます。

 緑川若菜  勝田正義 佐野次長

CHAPTER 04 コミュニケーション▼［聞き方・話し方］

それではご案内させていただきます。

*　　　　　*　　　　　*

佐野　緑川さん、今、いいかしら。

緑川　はい。

佐野　支店長から話を聞いたわ。午前中に何があったの？

緑川　あっ、はい。お客さまのお話を伺っていたら、急に担当者をかえてほしいとおっしゃるんです。私もわけがわからなくて……頭が真っ白です。

佐野　そうだったの。何か原因があるはずね。思いつくことは？

緑川　それが特にないんです。

佐野　そうなのね。どんなふうにしてお客さまの話を伺ったか考えてくれる？

緑川　えっ、私の話の聞き方ですか？

佐野　緑川さんは感じていないかもしれないけど、普段、無意識にとっている行動が、相手に不快感を与えてしまうことがあるものなの。何か心当たりはない？

緑川　考えてみたんですが、特にありません。私は常にお客さまに対して、誠実な態度で接しているつもりです。

佐野　そうよね。緑川さんが手を抜かずに仕事をしているのはわかってる。だからこそ、その原因を探らないと、また同

じことが起こりかねない。

緑川　はい。あとで勝田さんと1週間の振り返りをする予定なので、今日の出来事は相談してみようと思っていました。

佐野　そうしてくれるかな？　その結果も教えてね。

緑川　はい。

勝田　そうだったのか。いろいろ大変だったんだな。

緑川　さきほど次長ともお話ししたんですが、もしかしたら、私がお客さまの話を聞くときの姿勢に問題があるのではないかとおっしゃっていました。

勝田　そうか、次長がそう感じているなら、可能性はあるな。今日は相手の話を聞くときの基本をいっしょに整理してみることにしよう。

緑川　はい、お願いします。

突然、お客さまから「担当者をかえてほしい」と言われて、緑川さんは、とまどってしまいました。理由がわからなかったためです。しかし、佐野次長から「話を伺うときの姿勢」について尋ねられ、顔がこわばっていたこと、また、うなずくことなく相手の話を伺っていたことに気づきます。では、どういう姿勢で臨めば誤解されずにすんだのでしょう。ここから「聞き方」を体得していきましょう。

理解を深める

無反応では人間関係は深まらない

あなたは、挨拶しても返してくれない人、問いかけてもうんともすんとも言わない人と出会ったことはありますか。

反応がないと、つい「この人はいったい何を考えているんだろう」と、時に不気味な印象を持ってしまうことも。また、反応がない人と話をしていると、だんだん話す気が失せてくるものです。それによって会話は途切れ、相手との関係も崩れていく可能性があります。

相手のことを知るためのコミュニケーションは必要で、会話を続けることで人間関係は築かれ、深めていくことができます。話を聞くときは、誠実な姿勢につながる反応が欠かせません。

誠実な反応は、「あなたの話を聞いていますよ」「話の内容を理解しましたよ」ということを相手に伝えるために欠かせない行為なのです。

行動する

相手を「受容」し、信頼を手に入れる

（1）傾聴術
①相手の目を見る
②うなずく
③あいづちを打つ
④メモをとる
⑤質問する
⑥復唱する

（2）傾聴技法
①再陳述（おうむ返し、ミラーリング）
②感情の反射
③感情の明確化
④開かれた質問
⑤閉ざされた質問
⑥選択質問

　相手を受容するには、（1）傾聴術と（2）傾聴技法の両方を磨く必要があります。それぞれについて説明しましょう。

（1）傾聴術

① 相手の目を見る

　目線を相手と合わせることで、話し手の話に注意深く耳を傾けていることを表現できます。話し手は、自分のことを受け入れてくれていると、安心して話すことができます。

※眼球ではなく、相手の目頭と目頭の間を見よう。

※凝視するのではなく、優しい視線を向けよう。

② うなずく

うなずきも、「あなたが言っていることに同感です」という無言のサインとなり、相手の話を受容する姿勢となります。相手の本音や主張を引き出すことにもつながります。

※無言で、首あるいは上体を倒そう。

③ あいづちを打つ

相手の話に共感するあいづちは、相手の真意を引き出すのに役立ちます。うなずきよりも共感度は高いため、相手が考えていることを深めていくことができます。

※うなずきに、「なるほど」「はい」などの言葉を添えて、さらに共感度を高めよう。

④ メモをとる

メモは話の内容を記録・整理・要約するうえで重要なスキルです。双方で共通認識を持つことができます。

※相手の話の全文をメモするのはむずかしいもの。ぜひとも、要点を6W3Hでまとめるクセをつけよう。

⑤ 質問する

話の内容を掘り下げていくことは、「相手が話したこ

とを自分の考えにすり合わせて整理していく」うえで、とても重要。上手に質問するスキルを身につけることで、相手の真意を引き出していくことができます。

> ※（2）傾聴技法の④、⑤、⑥を参照。自分の発言内容を客観的に理解し、再確認するうえでは大変、重要。また、ファシリテーター（会話の促進者）の役割を果たすためには、必須のスキルなので身につけましょう。

⑥ 復唱する

相手が主張したいこと・最も言いたいことを聞き手である自分の言葉に置き換えてわかりやすく繰り返すことは大事。相手は自分の発言を客観的に把握し、理解していくことができるからです。話し手は自分の真意を聞き手が受けとめてくれたことを確信できます。

> ※「〇〇さんがおっしゃっていることは、〜ということでよろしいですか？」
> ※「ただいまのお話ですが、〜と解釈いたしましたがよろしいですか？」

（2）傾聴技法

① 再陳述（おうむ返し、ミラーリング）

相手の言葉を跳ね返す手法のことで、双方が話の内容を確認・整理するために役立ちます。相手が自分の意見を聞いてくれた、という安心感をもつことができるためです。

※お客さま 「貯蓄型パンフレットはありますか？」
　行員　 「貯蓄型パンフレットですね」

② 感情の反射

　会話の中で、相手が「ワクワク」「イライラ」「ドキドキ」といった感情を表す言葉を言ったときは、"あなたの感情を受け止めました"というシグナルとして、同じ言葉を繰り返します。

※「あのときはイライラしたよ」→「それはイライラなさいましたね、○○さん」という受け応えは相手の感情を共有しているサインになると考えよう。

③ 感情の明確化

　あなたが話を聞いているときに話し手が、机を小刻みに打ったり、キョロキョロしたり、貧乏揺すりをはじめたら、それは相手の感情を読み取るチャンスです。こうした行動は、心のうちを確認するために役立つスキルです。あなたがキョロキョロする態度も相手はチェックしています。

※相手が落ち着きのない動作をしたときは、「お急ぎでいらっしゃいますか？」と尋ねましょう。
※また、相手が無言になったときは、「ご不明な点はありましたか？」と尋ねましょう。

④ 開かれた質問

　開かれた質問とは、相手が自分の言葉で自由に話せる

ように質問する方法のことです。相手の真意を引き出すとき、話の内容を掘り下げていくときに役立ちます。

※一般的な会話では、「それで？」「何が？」「たとえば？」などが多く使われます。

※「具体的に言うと、どのようになりますか？」
「〇〇について、もう少しお話してくれますか？」
「今の件について、くわしく説明してくれますか？」
「〇〇とは、どのような意味か教えてくれますか？」
「なぜ、そのように思いますか？」
「それから、どのようになったのですか？」
などを使いこなしましょう。

⑤ 閉ざされた質問

相手が「はい」か「いいえ」でしか答えられない。解答が一つしかないといった質問のことを閉ざされた質問と言います。これを多用すると質問された人は、詰問されているように感じます。活用には注意が必要だと覚えておきましょう。

※「当行の口座をお持ちですか？」
「学資保険に加入していますか？」
「年金のお受け取りは、当行の口座からですか？」
などが閉ざされた質問だと覚えておこう。

⑥ 選択質問

選択肢を挙げて、どちらかに決めてもらう質問法のことです。閉ざされた質問同様にその多用は、質問者(聞き手)に誘導されているような感じがするため、注意が

必要になります。

　※「ＡプランとＢプランのどちらがよろしいですか？」
　　「短期と長期のどちらを選択されますか？」
　　などが選択質問だと覚えておこう。

　傾聴術は聞く（聞く、聴く、訊く）スキルで、傾聴技法はその具体的な聞き方（やり方）のこと。傾聴スキルとは、「相手に話させるスキル」「相手の真意を引き出すスキル」と言えます。傾聴スキルが身についていない人は、話し手の話す気力を一気にダウンさせることも。信用・信頼関係を築きたいなら、傾聴スキルをぜひとも身につけ、聞き上手を目指しましょう。

銀行員の日々に「Focus」
夜討ち朝駆け

　シニアの銀行員さんから飲み会のたびに聞く話です。「昔はね〜、セールスするために夜討ち朝駆けは常識だったんだよ」。これは、ぜひお取引して欲しいお客さまのご自宅へ夜や早朝に訪問し、セールスするというもの。勤務先へ伺っても、「腹の探り合い」で、なかなか心を開いてもらえず成約に結びつきづらいものです。

　ご自宅だとリラックスされている状態のご本人に会いやすく、「わざわざこんな時間に来てくれたのか」と成約に至ることが多かったとのこと。当然、折り目正しいマナーと普段の信頼感がベースにあってこそですが、今の時代には少し信じられないセールス手法です。

話し方

「思いが伝わる」話し方のポイント！

勝田 緑川さん、夏期休暇はゆっくり休めた？

緑川 はい、函館へ行ってきました。

勝田 それはよかったね。楽しかったでしょ？

緑川 夜景がすばらしくて、食べ物もおいしかったですよ。朝市にも行きました。

勝田 それは良かったね。

緑川 神戸のような洋館が多くて、散策していて楽しくなりました。名物のイカ刺しも食べました。観光地としておススメです。

勝田 そう。

緑川 それから五稜郭で涼みました。私の大好きな乳製品が多くて、特にソフトクリームがメチャクチャおいしかったなぁ〜。

勝田 五稜郭って江戸幕府が築城したんだよね。

緑川 へぇ〜。

勝田 緑川さんの様子から楽しかったことがよくわかる。話してくれてありがとう。

 緑川若菜
 勝田正義

で、そろそろ振り返りをしたいんだけどいい？
緑川 あっ！すみません。つい楽しい思い出がよみがえってきて……。
勝田 聞いている僕も旅行気分になれて楽しかった。さて、今日は話し方のところだね。
緑川 はい。
勝田 いま、いいことを思いついたんだけど。
緑川 何ですか？
勝田 緑川さんの旅行の思い出を論理的に話してみるとどうなるか？
緑川 えっ。
勝田 お友だち同士でおしゃべりするときは、好きなように話していい。ただ、ビジネスの場面では、論理的に話すことが重要なんだ。
　相手が理解できるように、端的に要点を伝える必要があるんだけど、練習すればできるようになるからやってみようか。
緑川 はい。
勝田 その前に、論理思考のトレーニングだね。
緑川 論理思考のトレーニングですか。
勝田 その通り！　まず、自分の思いを的確に伝えるためのポイントから復習しよう。これができていないと、論理的な話し方はできないからね。

旅行の思い出を心の底から楽しそうに語る緑川さん。聞く側の勝田さんも楽しくなりますが、ただ思いつくまま話していることが気になります。そこでビジネスの場でも役立つ「話し方」のトレーニングをすることにしました。最初に「自分の思い」を「より的確」に相手に伝える方法からはじめることにしましょう。

理解を深める

メッセージの伝え方のポイントは4つ

（1）最も言いたいこと（主題）を先に述べる

　思いのまま話しはじめると、聞き手は「何の話をしようとしているのか」という思いで聞くことになります。特に、面談の場合、聞き手は身構えて緊張することがあります。そこで、聞き手が安心して話を聞けるよう、話し手は最も言いたいことを先に話すようにします。

　※主旨、話す目的など、全体をイメージしてから話そう。
　※メッセージの送り手は、言わんとすることを先に話そう。

（2）共通言語を用いる

　聞き手が理解して、はじめてメッセージが伝わったと言えます。聞き手が理解できない言葉を使うと、話の内容を正しく理解できないまま、聞き手はメッセージを受け取ることになります。むずかしい言葉や隠語(仲間内で通用する言葉)などを避け、聞き手にも通じる言葉で話します。

※相手に伝わる言葉で話しましょう（言葉の定義が一致していること）。

（3）筋道を立てて話す(ナンバリング方式)

　話し手が言いたいこと、思い浮かんだことをそのまま話すと、聞き手はメッセージを整理して受け取れず、また話し手が何を言いたいのかわからず混乱します。話し手の真意を正しく伝えるためには、メッセージを整理してから話します。

※「まず」「次に」「最後に」「以上」などを使いこなそう。
※ナンバリング方式で話した場合の例
　「ポイントは３つあります。１つめは…、２つめは…、最後の３つめは…です。以上です」などを体得しましょう。

（4）短文で話す

　接続詞や句点（。）を使わない、また読点（、）で話をつないでいく話し方は、聞き手に真意が伝わりにくくなります。文章を書いたときと同様で、１文が長いと話し手が言いたいことを聞き手は理解できません。話すときは、接続詞を上手

に使い、短文で話すようにします。

　※言いきりが一番記憶に残ると理解しよう。
　※「〜で」「〜ですし」「〜ので」など、接続詞を使わないもの言いは、メッセージを受け取る側に真意を伝えにくくなると考えましょう。

伝わる言葉で端的に話そう

　職場内には、共通言語がたくさんあるため、話をしても意味が伝わりやすいです。しかし、職場外の人と話をするときは、言葉を慎重に選んで、相手の記憶に残るような短文で話をしましょう。

　お客さまと接するときは、耳慣れない特有の漢語やカタカナ語、業界の専門用語、略語や略称は、お客さまの理解を妨げます。そのうえ、ときとして不快な思いを抱かせるため、平易な言葉に言い換えて話しましょう。

　次に、金融業界や公的機関で使われる言葉の言い換え例をいくつか紹介します。

固有の意味をもつ言葉、略語、カタカナ言葉	言い換え例
小銭	硬貨
身分証明書	ご本人さまを確認する資料
納付、還付	お支払い、お返し
所定の	定められた
遺憾、危惧	残念、心配、恐れ
コンセンサス	合意
タイムラグ	時間差・時間のズレ
アジェンダ	検討課題
ソリューション	問題解決
ユニバーサルサービス	全国一律サービス

※略語の中で、「生保」という言葉は、業界によって「生命保険」「生活保護」という意味になるため、略さず正しい言葉で言いましょう。

　業界特有の略語を使うと、聞き手がその意味を正しく知らないために誤解を招くことがあります。身内には通じても、お客さまには伝わらないこともあるのです。言葉は省略せず、正しく言いましょう。

　また、ついつい普段使っている、専門用語や業界用語を交えてコミュニケーションを図りがちですが、こちらも同様です。お客さまと話すときは、「すべての人に通じるとは限らない」ということを踏まえ、相手の状況や関係を加味して言葉を選ぶようにしましょう。

気づく

！

「きちんと伝える」論理思考

緑川 勝田さん！　この４つのポイントですが、今までまったく意識していなかったです。

勝田 普通はそうだよね。

緑川 このポイントを守ったら論理的な話し方ができますか？

勝田 そうだな。これはあくまでも自分の思いを伝えるときの基本。だから、あるトレーニングが必要なんだ。

緑川 それは何でしょうか？

勝田 自分の思考を整理するトレーニング。話す前に何を相手に伝えたいのか整理しておくこと。

緑川 そのときどきで思ったまま話したらいけないんでしょうか？

勝田 そうだね。ビジネスでは話したいことを言い忘れたり、話す必要がないことを言ったり、行き当たりばったりで話したら、トラブルが起こる可能性だってある。

緑川 話すのは得意だと思っていたんですが、先ほどの４つのポイントを気にしたことはありませんでした。自信がなく

 緑川若菜
 勝田正義

なってきました……。

勝田 みんなそうだよ。これまで話したことなかったんだけど、僕も話し下手だったんだ。会社に入ったときに、いずれ営業もやるんだろうと思って、一念発起して勉強したんだ。学んだことは『スキルは、トレーニングしなければ開発されない』ことかな。緑川さんはロジックツリーって聞いたことある？

緑川 ありません。

勝田 アメリカのニューヨーク市に本社があるマッキンゼーの社員デビット・ハーツ氏とカーター・ベイル氏が、思考整理術として生み出したフレームワーク法なんだ。物事を大分類、中分類、小分類と整理することで、自分の思考がどんどん整理されていくので便利かな。

緑川 わぁー、知りたいです。

勝田 では、フレームワークの用紙を持ってきたから見てみようか。

話し方のポイントを学んだ緑川さんは、今度は「論理的な思考」に挑戦中。次は、勝田さんと思考を整理することにします。さあ、緑川さんの話し方は、どのように変わるのでしょうか。

理解を深める

思考整理はロジックツリーで

　自分の思いや考えを相手に伝え、理解してもらうためには、まず自分が「何を伝えたい」のか、思考を頭の中で巡らせるのではなく、一度書き出してみると整理され、自分が言いたいことを目で確認することができます。

　アウトプットされた文章は、まさに頭の中身、思考そのも

【ロジックツリー図】

テーマ：	①⑯
結　論：	②⑮

なぜならば（理由）

属性	③⑥	④⑨	⑤⑫
具体化	⑦	⑩	⑬
私見	⑧	⑪	⑭

110

のと言えるでしょう。つまり、思考整理を先に行い、その後、書き出されたものを順に読み上げるだけで論理的な話し方ができるようになります。

論理的な話し方をマスターする

　緑川さんの函館旅行のお話をロジックツリーで整理してみます。思考を書き出すときの留意点は3つです。
　1. 文字量を揃える
　2. 文体表現を整える
　3. 異質な情報を混在させない
　ロジックツリー図に思考を書き出すとき、文字量が揃っていると「簡潔明瞭な文章」に仕上がります。また、「箇条書き」と「文」が混在していると、聞き手が理解しにくくなるので注意が必要です。
　「である」調と「です、ます」調を統一することも大切ですので、文体表現を整えましょう。そして、話し手が何を言いたいのか、何を正しく伝えたいのか、視点がズレないよう

にすることも大切。そのためにも、異質な情報を混在させないようにするのがポイントになります。

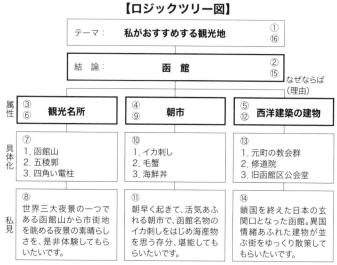

※「私見」は、「具体化」欄に書き出した一つひとつの項目に対応して述べるのではなく、「属性」に対する総括としての意見を述べます。

　ロジックツリーで思考を整理したら、枠内に書かれている番号順に読み上げていきます。
そのとき、接続詞を使いながら、「メッセージの伝え方」の４つのポイントを意識して、話します。
　それでは、ロジックツリーを用いた論理的な話し方を練習してみましょう。

具体的な話し方

　私がおすすめする観光地は函館です。なぜ函館かというと、おすすめ理由が3つあるからです。1つ目「観光名所」、2つ目「朝市」、3つ目「西洋建築の建物」です。

　まず、観光名所ですが、おすすめは3か所で「函館山」、「五稜郭」、「四角い電柱」です。世界三大夜景の一つである函館山から市街地を眺める夜景の素晴らしさを、是非体験してもらいたいです。

　次に、朝市ですが、おすすめの食べ物は3つで「イカ刺し」「毛蟹」「海鮮丼」です。朝早く起きて、活気あふれる朝市で、函館名物のイカ刺しをはじめ海産物を思う存分堪能してもらいたいです。

最後に、西洋建築の建物ですが、おすすめは3カ所で「元町の教会群」「修道院」「旧函館区公会堂」です。鎖国を終えた日本の玄関口となった函館。異国情緒あふれた建物が並ぶ街をゆっくり散策してもらいたいです。

　よって、私は函館を観光地としておすすめいたします。

以上

いかがですか。

ロジックツリーで思考を整理し、話し方のポイントを守って話すと、言わんとすることが聞き手に伝わりやすくなります。聞き手も、情報が整理されて、話し手の思いを受け止めやすくなります。メッセージを伝えるとき、ロジックツリーで思考を整理してみてはいかがでしょう。

[まとめ]
❦ 考えてみよう ❦

「聞き方」と「話し方」について学んだ緑川さん。かなりコミュニケーション力がアップしたようです。コミュニケーション上手になったところで、第5章では、応対マナーとして「来客への応対」について学ぶことにいたしましょう。

CHAPTER 05

応対マナー
▼
[来客への応対]

随所にあらわれる「おもてなし」の心

ルールに則って振る舞ったつもりでも、配慮に欠ける行為になることもあります。TPOに合わせた応対マナーをマスターしましょう。

来客への応対

プライベート情報は小声で

緑川 お客さま、100万円のお引き出しですね。

お客さま ………。

緑川 お引き出しの金額に間違いがないか、ご確認いただけますか。

お客さま 周りに聞こえるじゃない、気をつけてくれる！

緑川 あっ、………申し訳ございません。

　　　　　＊　　　　　＊　　　　　＊

緑川 勝田さん、振り返りと研修に入る前に、ご相談があるのですがよろしいですか。

勝田 どうした？　何かあった？

緑川 朝からハイカウンター業務だったんですが……。

勝田 具体的に説明してくれるかな。

緑川 お客さまがお引き出しになった金額を私は確認したいだけだったんですが、声が大きいと叱られました。

勝田 そうか。それはお客さまがおっしゃることが正しいかな。

緑川若菜

勝田正義

緑川 はい。申し訳なかったと思っています。お詫びしましたが、納得されたのかどうか、今も心配です。大丈夫でしょうか。

勝田 前にも言ったかもしれないが、同じことを繰り返さないことだと思うよ。今後は、ＴＰＯ──時間・場所・場の状況に応じて、言葉づかい、声の大きさ、声をかけるタイミングが違うことを忘れないことだな。

　今回、お客さまが100万円を引き出したことを周りに知られることは防犯上、問題になりかねないしね。個人情報にかかわることは、さらに細心の注意を払うようにしよう。

緑川 わかりました。気をつけます。

勝田 わかったら、今日のテーマ『応対マナー』について、これから学ぶことにしようか。テキストを出して！　まず、緑川さんへの質問から入ることにしようかな。

　緑川さんが入行してからお客さまにお会いしてきた中で何か感じていることがあったら教えてくれるかな。

緑川 そうですね。ＶＩＰと言われる方々が想像していたよりも多いことは、私にとっては発見でした。

勝田 そうなんだ。当行と長年、取引してくださっているお得意さまがたくさんいらっしゃることはありがたいことだよね。

緑川 はい。ただ、ハイカウンター業務や営業を担当する私

たちがそういうお客さまと対応する場面は、考えにくいのですが。

勝田 そうだね。秘書課がすべて対応しているから、僕らが直接エントランスまでお迎えに上がり、エントランスまでお見送りをする場面はないかもしれない。

緑川 秘書課と言えば、偶然なんですが、この前、秘書課の方がお客さま応対していらっしゃるところでいっしょになったんです。そのスマートな身のこなしに感動しました。

勝田 秘書課は我が社の中でもマナーに関してはプロ集団。相当、日々神経を使っていると思うよ。

緑川 素敵な方がいらっしゃるんだなぁと感じましたが、同時に、この前、会った秘書課の方のことも頭をよぎりました。社員食堂でいっしょになったのですが、そのときに何か私の態度が気に触ったようで、睨みつけられたのでなんだか悲しくなりました。

勝田 緑川さんの言葉を肯定も否定もできないけど、一つ言えることは、世の中には自分の立場を履き違えている人はいるかもしれないってことだな。

緑川 それって、どういうことですか？

勝田 秘書って社長をはじめ、役員の補佐をしているだろう？　それで、自分も偉い立場の人になったような錯覚に陥ってしまう人がたまにいるんだ。でも、それはプロではない

と思っていいし、そうならないように、繰り返しマナー研修があるんだ。

　ところで、今日、振り返ったところまでで何か質問したいことはある?

緑川　はい、純粋に思うことなんですが、来客応対を秘書課が担当いているのなら、私たちがこれに関して学ぶ必要があるんでしょうか?

勝田　それは今まで、定期的にマナーをいっしょに学び、振り返ってきた意味を緑川さんが理解できていない質問かな。

緑川　そうですかぁ?

勝田　マナーは、必要か必要でないかで身につけるものではない。お互いが心を開いた状態で理解し合うきっかけづくりになる、と話したよね?　それに、僕らだって来社されたお客さまと、どこで出会うのかわからない。

緑川　そう言われてみれば、そうですね。

勝田　僕らが担当部署に用事があるお客さまだけを意識しているようではダメだと思うんだ。秘書課はマナーがいい、他の部署はそうでもない。そんな印象をすぐお客さまに持たれると思うよ。それは人としても会社としても、一流とは言えないと思う。

　それにね、組織には人事異動があるから、緑川さんも今後どこの部署で働くかわからないよ。ここでは応対の基本的な

ことと、お茶の出し方について学ぼう。

> 　私たちは、ついつい担当業務に必要なマナーだけを知っていればよいという感覚に陥ることがあります。しかし、人事異動を考慮して、『転ばぬ先の杖』として、応対に関する知識の幅を広げましょう。

理解を深める

「応対の基本5段階」をマスターする

　相手と向き合うとき、「対応」と「応対」の言葉を使いますが、それぞれに意味があります。「対応」は、処理する・解決するときに使い、「応対」は、相手の感情に沿うときに使います。問題を機械的に処理されると、お客さまは冷たさを感じることがあります。お客さまの気持ちを汲み、感情の動きに配慮した接し方が「応対」です。

来客応対時の基本的な心構え

（1）微笑みを忘れないようにする

（2）状況に合わせた心のこもったお辞儀をする

（3）誠意をもって温かい気持ちで応対する

（4）親切・丁寧・迅速・確実に取り次ぐ

（5）お客さまの雰囲気で差別せず、公平に応対する

（6）お迎えからお見送りまで随所で目配り・気配り・心配りをする

応対の基本5段階

第1段階（快く迎える）

① 笑顔でお迎えをする

② 座ったままではなく、立ち上がって挨拶をする

③「よくいらっしゃいました」という気持ちで丁寧なお辞儀をする

第2段階（相手・用件を確かめる）

①「どちらのどなた」であるかを確認する

② 初めてか、常時のお客さまかを察知する

③ どのようなご用件でいらしたかを確認する

第3段階（案内する）

① 面談者の都合を確認する

② 面談者に指示された場所へ、お客さまをご案内する

③ お客さまの歩くペースに合わせて先導する

第４段階（お茶の接待）

① 静かに部屋へ入る

② 話を中断しないように手際よくお茶を出す

③ 商談の妨げになるので、なるべく早く退室する

第５段階（丁寧に見送る）

① 笑顔を忘れず「また、お越しください」という気持ちで見送る

② 場面や時間帯に合った言葉で挨拶をする

行動する

お茶は右側からテーブルの端より 10センチ向こうへ出す

おいしく入れたお茶でも、振る舞いがぞんざいだと不味く感じることがあります。また、来客応対のときは、席次を知ったうえでお茶を出すようにしましょう。

茶菓の出し方

（1） 1杯のお茶に心を込める

① 急須にお茶の葉を入れ、お湯を注ぐ

※煎茶の場合…お湯の温度は80〜90℃
※玉露の場合…お湯の温度は70〜80℃

② 急須にフタをして、味と香りが出るのを待つ

※1〜2分でよい。

③ 人数分の茶碗にお茶の濃さが均等になるよう交互に入れる

④ お茶は、茶碗の7分目位が適量

（2） 運び方

① お盆には、茶碗と茶托を分けて載せる

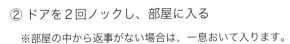

※茶碗と茶托をセットしたものをお盆に載せた場合、一つのお盆で運べないときがあります。運んでいる途中でお茶をこぼす可能性があるため、はじめから分けて運びましょう。

② ドアを2回ノックし、部屋に入る

※部屋の中から返事がない場合は、一息おいて入ります。

③ ドアの前でお盆を下座側にずらして一礼する

※商談前(面談者が部屋にいない場合)は、小声で「いらっしゃいませ」と言います。

※商談中(面談者が部屋にいる場合)は、小声で「失礼いたします」と言います。

④ お盆をサイドテーブルに置く

※サイドテーブルがない場合は、下座の人のテーブルに置きます。

※お盆を片手で持ち、お茶を出すこともあります。(状況対応)

⑤ 茶碗を茶托に載せる際、糸底を必ず拭く

※糸底とは、茶碗の底の部分のことです。

⑥ お茶を一客ずつ手盆にのせ、上座から配る

(3) お茶出し

① 原則的には、お客さまの右側からお茶を出す

※部屋が狭い、隣の人と距離が近いなど、状況次第で左側から出す場合もあります。

② お茶を置く位置は、テーブルの端より10cm向こう側に置く

※お客さまが右手を伸ばしたとき、茶碗を手に取れる位置に置きます。
③ 茶碗の絵柄の正面が、お客さまに向くように置く
④ 木目の茶托の場合は、目がお客さまに向かって横(平行)になるように置く

（4）退出の仕方
① お茶を出し終えたら、お盆を左脇に持つ
② ドアを開ける前に、いったんドアの前で立ち止まり、「失礼いたしました(小声)」と言って、一礼する
③ ドアを出る際は、何も言わず一礼する

A テーブルの上に書類が出ていたら？
① 空いているスペースを探し、お茶を置く
② お茶を置くときは、「こちらに置かせていただきます」と、一声かける

B お茶のお替わりを出すときは
① 前に出した物を下げてから、新しいものを出す
② リフレッシュ効果

- 緑茶をはじめに出したら、次はコーヒーか紅茶を出します。
- 夏季は、麦茶やジュースなどを出します。
- 緑茶を続けて出すときは、絵柄の違う茶碗で出します。

C 参加者が多い会議では？

① ワゴンに載せて運び、お茶を出す方法
② 一人がお盆を持ち、一人がお茶を出す方法

※最近では給茶機のお茶を出す会社が多いですが、おもてなしをするお客さまによっては、急須で入れたお茶を出します。

D お菓子を出すときは？

① お菓子を先に出し、つづいて右側にお茶を出す

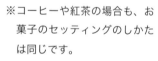

※コーヒーや紅茶の場合も、お菓子のセッティングのしかたは同じです。

② 和菓子の場合、懐紙にお菓子を載せる

※懐紙の折り方ですが、懐紙の手前から右斜め上方向に折るのが「慶事」、反対側に折るのが「弔事」です。

CHAPTER 05 応対マナー ▼ [来客への応対]

日本は左上位、国際プロトコルは右上位

　日本は、外交上の礼儀作法「プロトコル」に準拠して、ビジネスマナーを決めています。そして、日本独特の和室のマナーについては、江戸時代初期の小笠原流礼法を今に受け継いでいます。ビジネスでは建物や部屋のつくり、机や椅子など、ほとんどが西洋文化にならっていますので、日本のマナーとともに最低限のマナーを学んでおきましょう。

勝田　次は席次の話をしよう。
緑川　ふだん、どう行動していいのか、迷うこともあるのでぜひ、知りたいです。
勝田　では、応対の基本を復習したら、和室の席次マナーをやろうか。
緑川　和室ですか？　いま、自宅でも和室が少ない時代ですけど。
勝田　そうだなぁ、和室が少なくなってきたよな。緑川さんはまだ先のことかもしれないが、営業の人たちは入社して数年たったころから、得意先のお客さまと会食することがある

127

緑川若菜　　勝田正義

んだ。和食での会食は、お座敷のときがよくある。

緑川　つまり、将来のいざというときのために、学んでおきましょう、ということですね。

勝田　そのとおり。役に立つと思うよ。では、早速、はじめようか。日本人としておもてなしの心を忘れないためにも。

緑川　おもてなしの心ですね。よろしくお願いします。その前に勝田さん、一つ質問があります。和の文化では『左尊右卑』という言葉があって、右大臣より左大臣が偉いというのはわかるんですが、よく人事異動で『左遷』ってありますよね。この言葉には、良いイメージはありませんけど……。どういうことなのか教えていただけませんか。

勝田　いい質問だな。先日、新聞で読んだばかりなんだ。どうも、左遷という言葉は『中国語』らしい。中国では右を尊ぶそうだから、日本とは考え方が真逆ということだね。

緑川　ということは、中国へ旅行したとき、知らないで相手に失礼な行為をとってしまうこともあるので、気をつけなければいけませんね。

勝田　そうだね。あとは日本で暮らす外国人も増えてきたので話しておくけど、子どもの頭を撫でてはいけない国もあるんだ。覚えておいたほうがいいかな。

> 緑川さんは、プロトコルに準拠したビジネスマナーとおも
> てなしの精神を重んじる日本式のマナーに違いがあることを
> 知りました。日本式のマナーは追々、学んでいくとして、今
> 回は遭遇する場面の多いビジネスマナーからしっかり学び直
> すことにしましょう。

理解を深める

ドアノックは数が問題ではなく、ノックの仕方が大事

　和室の場合、襖を叩くことはなく、襖の外から「失礼いたします」と声をかけて入りますが、洋室の場合は、ドアをノックしてから入ります。

　最近、トイレのドアは「2回ノック」で、部屋のドアは「3回ノック」というふうに、ノックの回数を勘違いしている人が多いように思います。結論として、ノックの回数は問題ではないのです。叩き方によって、3回はうるさく感じてしまうケースもあります。

　そもそも「トイレは2回」という決まりは、どこにも存在しません。マナーという側面で考えるならば「なぜドアをノ

ックするのか」、その意味を理解することでしょう。

　ノックは、「これから中に入りますが、よろしいでしょうか？」という外からの合図。ですから、ノックするときの「間の取り方」が問題。「2回ノック」でも早く叩けば「トイレのとき」、間を取り落ち着いて叩けば「部屋のとき」のように聞こえます。

　仮に、間を取り落ち着いた「3回ノック」は、入室まで長すぎます。応接室や会議室へお客さまをご案内するとき、あるいは茶菓のおもてなしをするときの入室マナーとして、落ち着いた2回ノックをおすすめします。

行動する

お客さまを心地よくする振る舞いが大事

　ビジネスにおいて、お客さまをお迎えしお見送りするまで、さまざまな場面でルールがあります。相手があっての自分の振る舞いですから、臨機応変さが求められます。まずは、基本ルールを身につけましょう。

ご案内の仕方〈階段〉

（1）案内人は、壁側を歩く
（2）上るときは、お客さまの2～3段斜め後ろを歩く
　※お客さまが女性の場合は、お尻を見上げることになるため、「お先に失礼いたします」と言って、前を歩きます。
（3）下るときは、お客さまの2～3段斜め前を歩く

〔上るとき〕 お客さまは階段の中央。案内人はお客さまの2、3段斜め後ろの壁側を歩く。

〔下るとき〕 案内人がお客さまの2、3段斜め前の壁側を歩き、お客さまを先導する。

ご案内の仕方〈エスカレーター〉

（1）案内人は、エスカレーターを降りたとき、どちらの方向へ進むのかを理解したうえで、お客さまの左右どちら側に立つかを決める
（2）お客さまをステップ中央に乗せる
（3）昇るときは、お客さまの2段斜め後ろに立つ
（4）降りるときは、お客さまの2段斜め前に立つ

※そのポイントは、エスカレーターの場合、急停止することがあるため、お客さまの転倒防止の盾となる位置に立ちます。

〔昇るとき〕お客さまはステップの中央。案内人はお客さまの2段斜め後ろの手摺り側を歩く。お客さまが後ろに転倒しないように注意を払う。

〔降るとき〕案内人がお客さまの2段斜め前の手摺り側を歩き、お客さまを先導する。案内人は体の向きを中央に向けて、お客さまが転倒しないよう見守る。

ご案内の仕方〈廊下〉

（1）案内人は、ご案内する応接室あるいは会議室の扉がある左側または右側を歩く
（2）お客さまの2〜3歩斜め前を歩く
（3）案内人は、体を開き加減にし、肩越しにお客さまの足元に注意を向ける
（4）曲がり角では、方向を陽手（手の平）で指し示し、「こちらでございます」と一声かける

案内人はお客さまの2、3歩斜め前を歩く。このとき、ご案内する応接室（会議室）がある側を歩く。また、肩越しにお客さまの足元に意識を向け、歩くスピードを合わせる。

ご案内の仕方〈部屋の入口〉

（1） ドアを2回ノックする
（2） 手前開きのドアの場合

　　　ドアの外側に立ってドアを開け、陽手で部屋の中を示し、「どうぞお先にお入りくださいませ」と言います。

ドアは目いっぱい開く。そして、「どうぞ、お入りください」というひと言をかけて、手でお客さまを案内する。

（3）押し開きのドアの場合

　自分が先に入室して、「どうぞお入りくださいませ」と言って、お客さまを陽手で招き入れます。

押し開きのときには、素早くドアノブをもって自分がなかに入り、そのときに、ドアと体が平行になるようにする。お客様にはお尻をみせないことがコツ。

ご案内の仕方〈エレベーター〉

（1）エレベーター内に人が乗っていない場合

　① 先に乗るのは案内人

　　※エレベーターは機械なので、中に人が乗っていない場合は、先に案内人が乗り込み、エレベーターの安全性を確認します。

　② 乗るときは、「お先に失礼いたします」と一声かけ、開ボタンを押して、扉を手で押さえる

（2）エレベーター内に人が乗っている場合

　① 先に乗るのはお客さま

　　※人がすでに乗っているので、機械の安全性は、確認ずみです。

　② 陽の手でエレベーター内を指し示し、「どうぞ」と一声かける

（3）エレベーターを降りるとき

① 常にお客さまが先

※エレベーターを降りてから、向かう方向を意識して「降りて右手(左手)でございます」と一声かけます。

② 開ボタンを押して、お客さまが降りるまで扉を手で押さえる

お客さまが乗るまで手で押さえておく。

お客さまが下りるまで扉を押さえ、降りたのを見届けてから自分もすばやく降りる。

席次〈エレベーター〉

（１）操作パネルの所に案内人（自社の下位者）が立つ

※案内人（自社の下位者）は、最上位者の命を守るという意味で、「ボディーガードの役目」を果たします。

（２）操作パネルが左右にある場合

※左右対称の部屋や空間では、プロトコルの「Lady on the right」を活用します。

※プロトコルにより、奥の右側の人が上位者となりますので、席

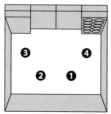
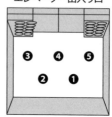

操作パネルの前に下位者が立つ。下位者はお客さまである上位者のボディーガード役になる。

操作パネルが両方にある場合は、「Lady on the right」を使って、最上位者のお客さまは①のところに立つ。かつ、①の人の身を守るのは⑤の人。

　次は、操作パネルが右側にある場合と同様です。
※扉が左右に開くエレベーターの場合は、基本的に操作パネルは右側にあります。
※扉が片側へ開くエレベーターの場合は、扉が納まる側に操作パネルがあります。よって、エレベーターの左側に操作パネルがある場合もあります。

席次〈車〉

（１）運転手がプロ（タクシードライバー、公用車の運転手）の場合

　① 社員がお客さまと二人で乗車するときは、下車の際に料金を支払うことを考慮して助手席に座る

　② お客さまとの関係の度合いによっては、社員は後部席に座ることもある

〈タクシーの場合〉　　　〈公用車の場合〉

タクシー料金を支払う人は②の位置に座り、停車後は素早くお支払いをする。

公用車の場合は運転手の後ろに上位者に座ってもらう。

③ ４名あるいは６名で乗車する場合は、上位者の命を守ることを考える

〈タクシーの場合〉　　　〈公用車の場合〉

③の人は座りにくい位置なので、下位の人が座る。運転手の横の席である④がそれよりも下位の人が座るのは、死亡事故が多いからと言われている。

座席が3列のワゴン車は、一番後ろの奥の席が出にくいので社内の人が座る。また、運転手の後ろに①の上位者が座る。②はドアが近く乗り降りが楽なので二番目の上位者が座る。

※助手席も後部席もシートベルトの着用は、義務です。以前は、交通事故の死亡率により、運転手の後ろが安全と言われ、お客さま(上位者)が座る席となっていましたが、現在はシートベルトの着用により、どこも安全な席となりました。

(2) 運転手がアマチュアの場合(役職者順の座り方)
　① マナーとして運転手を気づかうこと

※運転手が運転に専念できるよう、助手席には運転手より上位の人を座らせないというのが基本ルールです。

※運転手より上位の人は、後部席に座ってもらいます。

② 部長または課長が運転したときの例

〔部長が運転する場合〕
部長のすぐ下位の人が助手席に座る。

〔課長が運転する場合〕 課長のすぐ下位の人が助手席に座り、課長より上位の人は、運転手の後ろの上席に座る。このとき後部席の人の役職は問わない。運転者が運転に慣れていないときに緊張させないために配慮すること。

③ ６名で乗車するときの例

ビジネスでの視察やゴルフでよく使うのがワゴンタイプの車。この車種の最後部席は乗降がスムーズにいかないので、もっとも下座の席となる。

席次〈列車〉

（１）新幹線の座席（横一列）における上席

進行方向

① 窮屈感がなく、座り心地がよいのは、３人席より２人席

② 席次を決める際、景観を考慮して上席を決める

※新幹線の場合は東京を出発点として、方角によって席の配列が決まっています。東から西へ向かうときは、日本の象徴である『富士山』が右手に見えるので、「Ｅ席」が上席となります。

（２）ボックス状態の席次（上席順の番号）

① ボックス状態で着席する場合

※席順を考えるときのヒントは、まず「窓側が上席」、次に「進行方向を向く側」、最後に「通路側」。

② ６人掛けの場合は、真ん中の席が下座

③ プライベートで乗車するときは、席次は不問

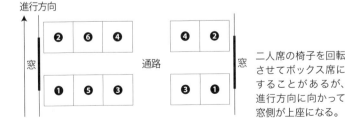

二人席の椅子を回転させてボックス席にすることがあるが、進行方向に向かって窓側が上座になる。

席次〈応接室〉

（１）お客さま３名、社員２名

　①　調度品（絵画を含む）がある場合

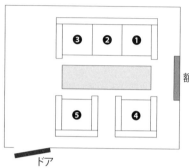

和室のように床の間がない場合、額・書棚など調度品を置くところが上座になる。また、出入口に近いところが下座になる。

　②　応接室内が左右対称の場合（ソファーの右側が上座）

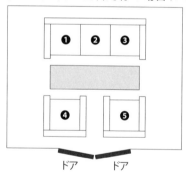

※プロトコルの「Lady on the right」を活用し、長イスの①に座っている人が上位者になる。

※長椅子の場合、真ん中にいる人（❷）が窮屈感をおぼえたときは、❸と入れ替わることがあります。これは、マナー違反ではありません。

(2) お客さま3名、社員3名

① 広い応接セットの場合

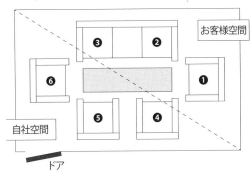

点線から手前側が自社空間になる。奥がお客さま空間になる。お客さま空間に一人掛けのアームつきソファーが置かれているときは、そこが上席なのでお客さまに座ってもらう。①と商談する社内の人が④に座る。

② サイドソファーがスツールの場合

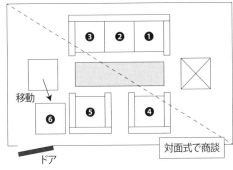

スツールはお客さまが座る席としては適さない。このケースでは3人掛けのソファーがしっかりしているので、ドアから最も遠い①が上席になる。⑥のスツールは移動が可能なので⑤につけて話をする。

席次〈和室〉

(1) 一般的な和室の場合（お客さま2名、社員2名）

席順を決めるときのポイントは、「床の間の前が上座」、「給仕口の近くが下座」です。お客さまに対して、座卓

の木目が平行になるように配置します。

※自社の上位者③は、お客さまの上位者①の隣でお酌をします。

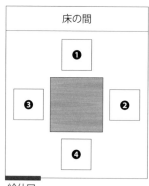

「床の間」とは俗称で、本来は「床」と言う。身分の高い人が一段高いところに座ったり、寝たりしたことから、日本間の一角につくられた。一説には、「とこしえ（永久）」という意味があり、家の繁栄や当主の権威の象徴をあらわしている。軸や花を飾って上座と位置づけている。お客さまをもてなす最上の位置と言える。

（2）庭園が見える和室の場合（お客さま2名、社員2名）

　　庭園が見える位置が上座です。自社の上位者③は、体を左右にずらして、庭園を説明します。

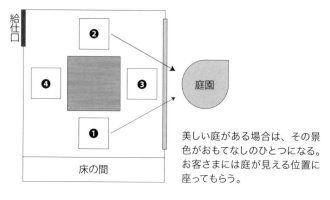

美しい庭がある場合は、その景色がおもてなしのひとつになる。お客さまには庭が見える位置に座ってもらう。

（3）左右対称の和室の場合（お客さま2名、社員2名）

　『和の文化』における礼儀作法で『左尊右卑』という言葉があります。左右対称の和室の場合、席順を決める時は、「床の間の前」「座っている人の左側」が上位者の席です。

※基本的に座卓越しでお酌をしないため、お客さまの元へ歩み寄り、お酌をします。
※接待を受ける人（お客さま）のマナーとして、数回お酌されたら、「手酌でやりますので、お気づかいなく」と言いましょう。

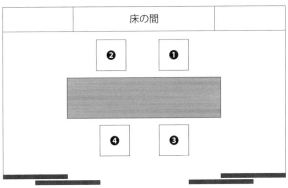

和室でも左右対称の部屋がある。左尊右卑という考えに基づき、①が上席になる。また、襖がある側が下座なので、社内の人が座る。

［ まとめ ］
❀ 考えてみよう ❀

　社会人として、マナーを一通り知っていることは、振る舞いすべてに自信が出てくるものですね。応対マナーの知識を身につけた緑川さんも、堂々とお客さまと接することができるようになりました。

　CHAPTER 6 では、来客応対と同様、日々必要になるマナーとしての電話応対「電話応対のマナー」のノウハウを学びましょう。

CHAPTER
06

電話応対のマナー
▼
[電話でのやりとり]

「基本を守る応対」が誠実さとなる

あなたの印象の 38％は声で決まるもの。相手が見えない電話応対だからこそ、お客さまが目の前にいる姿をイメージして話をすることが大事。それがお客さまが心を開き、用件を話してくださるきっかけにもなります。

電話でのやりとり

気づく

!

顔に表情があるように、声にも表情がある

緑川 今日はビジネス電話応対についてですが、改めて、ど
ういうことに気をつけたらいいですか？　仕事の電話にでる
ようになって、相手の顔が見えないことがこんなに気持ちが
通じないものなのか、と。どうしていいかわからず困ってい
ます。

勝田 わかるな、その気持ち。緑川さんの質問に一つ答える
としたら、僕がビジネス電話で気をつけてきたことは電話応
対の基本をしっかり守ってきたことかな。仕事をはじめて半
年ほどたったときにトレーナーから、『勝田さん、お客さま
と馴れ合ったような話し方はやめなさい』って注意されたこ
とがあって、ハッとしたんだ。と同時に、ただ上司や先輩の
電話応対をマネしただけなんだけど、あのときは矛盾を感じ
たな。

緑川 新人は上司や先輩を見習いますから、勝田さんのおっ
しゃることはよくわかります。

勝田 最近気づいたことなんだけど、上司や先輩が電話の相
手とつくってきた人間関係と僕がつくってきた関係の深さや

緑川若菜

勝田正義

CHAPTER 06 電話応対のマナー▼【電話でのやりとり】

重みは違う。そこをはき違えてきたような気がするんだ。まだまだ上司や先輩たちの域に達するまでには、僕自身にも時間が必要かな。今日はいい機会だし、緑川さんと電話のロールプレイングをしてみようと思うんだが、どうだろう。

緑川 ぜひとも、よろしくお願いいたします。

勝田 それなら僕がＡＢＣ商事の勝田ということで、かけ手をやるね。緑川さんは、入社３カ月ということで。そしてこういう設定にしよう。午前10時30分に鈴木部長に電話が入った。部長は、会議中で午前11時終了予定。取り次ぎ可能というのはどうだろう。

緑川 いいと思います。では、よろしくお願いします。

勝田 じゃ、いくよ。トゥルル〜♪、トゥルル〜♪

緑川 はい。Ｆ銀行あゆみ支店でございます。

勝田 私、ＡＢＣ商事の勝田と申します。

緑川 ＡＢＣ商事の勝田さまでいらっしゃいますね。いつもお世話になっております。

勝田 こちらこそ、お世話になっております。恐れ入りますが、部長の鈴木さまはいらっしゃいますか？

緑川 部長の鈴木でございますね。誠に申し訳ございません。ただ今、会議中で11時終了予定となっております。いかがいたしましょうか？

勝田 そうですかぁ、それでは終わり次第こちらにお電話を

いただけますか？

緑川　はい、かしこまりました。念のため、お電話番号を伺ってもよろしいですか？

勝田　はい。申し上げます。０３－１２３４－５６７８です。

緑川　繰り返させていただきます。０３－１２３４－５６７８でよろしいですか。

勝田　はい、そうです。

緑川　お電話ありがとうございました。私、緑川が承りました。

勝田　緑川さまですね。よろしくお願いいたします。失礼いたします。

緑川　失礼いたします。

勝田　緑川さん、完璧だ。すばらしい。練習の成果が出たね。

緑川　ありがとうございます。

勝田　緑川さん、気づいたかな？　電話番号を繰り返すときは、相手が話したことをそのまま復唱するのでもいいんだよ。それから、あと１カ所、別の言い回しができるところがあるんだけど。

緑川　わかりました。会議の終了時間が30分を切っていたら、残り時間を告げたほうが状況がリアルに伝わり親切ということですか。

勝田　そうだね。そうすると、言い方はどうなる？

緑川　部長の鈴木でございますね。誠に申し訳ございません。

ただ今、会議中でございます。あと30分ほどで終わる予定ですが、いかがいたしましょうか？　ですか。

勝田　よくできたね。そこで一つ質問なんだけど。なぜ、残り時間を伝えたほうがいいのか説明できる？

緑川　はい、わかります。会議終了の30分前というと、決議をしている頃なので、お客さまが会議を中断してまで、取り次いでほしいとは思わない、という心境になります。

勝田　そうなんだ。会議参加者も会議に集中したいから、できれば電話は取り次いでほしくない。これからも相手の気持ちを察する心の余裕を大切にしてもらいたいかな。

　緑川さんは勝田さんとの練習を通して、電話応対に磨きがかかりました。ところで、日々、誰からどのような用件でかかってくるかわからないのが電話です。仕事では臨機応変さが求められますが、「基本」ができているからこそ、「応用」を利かせることができます。まずは、基本の話法が口からスムーズに出てくるように練習しましょう。

理解を深める

話法のコツは「迅速・丁寧・簡潔・明瞭」

　ビジネスでの電話は、情報収集・伝達などの手段として必要不可欠です。『電話応対で会社のイメージが決まる』と言われていますが、対面での応対に比べ、声だけの応対は大変むずかしいもの。そこで電話の特性を理解し、対面のときよりも表情豊かに、声のトーンを上げて話します。電話応対力を高める早道として、「迅速・丁寧・簡潔・明瞭」を心がけた基本的な話法を身につけましょう。

（1）「お世話になっております」のひと言を忘れない

　電話をかけてきた人が初めての人でもビジネスでは、「お世話になっております」と応じます。これは電話応対における慣例用語。「今後、お世話になることもある」という意味で、省略できない用語として覚えておきたいものです。

（2）電話応対時のポイントは5つ

　① いつもにこやか、丁寧に応対する
　② 誰にでも同じ態度で接する

③ わからないことは、よく確かめる

④ ムダなことを話さず、効率的に対応する

⑤ 誤解を生まないためにも語尾は明確にする

ビジネスでよく聞かれる『Time is money（時は金なり）』。語源は、ベンジャミン・フランクリンが著書に記した『Remember that time is money（時間はお金そのものであることを忘れるな）』です。

解釈の仕方はいろいろあると思いますが、ここでは、非効率な応対をしていると、双方の貴重な時間を浪費して、電話をかけた側に料金が加算されていくと理解しましょう。「5つのポイント」を守って、用件を的確に処理する効率のよい電話応対を心がけましょう。

行動する

「いかがいたしましょうか？」は相手に配慮した言葉

電話応対における「いかがいたしましょうか？」の言い回しは、聞き手がお客さまのご意向を伺い、ご要望に応えようとする姿勢が伝わる点がポイント。自分の意向が通ったとい

う満足感がお客さまの安心へと結びついていきます。「いかがいたしましょうか?」の言い回しに慣れましょう。

電話の受け方

(1) ベルが鳴ったらすぐ出る

① メモ用紙と筆記具を手元に用意する

② 呼び出し音は1回見送り、3回までに受話器を取る

「はい、F銀行あゆみ支店でございます」

「ありがとうございます。F銀行あゆみ支店でございます」

「おはようございます。F銀行あゆみ支店でございます」

※第一声の挨拶言葉は、会社によって異なります。

※午前10時頃までは、朝の挨拶言葉を使いますが、会社によってルールがあるため、電話応対マニュアルを参照しましょう。

③ ベル音が4回以上鳴った場合

※第一声は、「大変お待たせいたしました。F銀行あゆみ支店でございます」と言います。

※お待たせしたお詫びの気持ちをひと言添えます。

(2) 相手が名乗ったら?

① 確認・挨拶をする

「R会社の恩田さまでいらっしゃいますね。いつもお世話になっております」

「課長の山下でございますね。少々お待ちくださいませ」

　※「山下はおります」と名指人の所在を明確にしないことがポイントです。

② 名前を聞き取れない場合

「恐れ入りますが、もう一度お名前を伺ってもよろしいですか？」

（3）名指人に取り次ぐ

① 口頭もしくは内線で取り次ぐ

「山下課長、R社の恩田さまからお電話が入っています（お電話です）」

② 名指人が不明の場合は、用件を先に伺う

「もしよろしければ、私がご用件を伺いますが、いかがいたしましょうか？」

③ 用件を伺ったら

「ただ今、担当の者と代わりますので、少々お待ちくださいませ」

（4）用件を確実に聞く

① 用件を正確に聞き、すぐ記録する（６Ｗ３Ｈ）

　※６Ｗ３Ｈとは？

　・なぜ（Why）「なぜ」行うのか

153

・**何を(What)** 仕事の内容で「何を」行うのか

・**誰が(Who)** 担当者は「誰なのか」

・**誰と、誰に(with Whom)**「誰と」「誰に」行うのか

・**いつ(When)** 期限は「いつなのか」

・**どこで(Where)** 仕事を行う場所は「どこなのか」

・**どのように(How)** 手順は「どのように」進めるのか

・**いくら(How much)** 費用は「いくら」かかるのか

・**どれだけ(How many)** 数量は「どれだけか」

② 不明な点は質問し、聞き直す

（5）用件を必ず復唱する

① 用件の聞き漏れがないか、記録メモを見て復唱する

※社名、組織名、氏名、電話番号、数字、同音異義語などに気を
つけます。

② 聞き間違ったときは、すぐ詫び、訂正する

（6）電話を切る前のまとめの挨拶

① 心を込めて、丁寧に応対する

② かけ手が切ってから心の中で１、２、３とカウントし
て受話器を静かに置く

名指人が不在時の応対

（1）お詫びの言葉（不在理由を伝える）とは？

① 外出中

「申し訳ございません。あいにく山下は、外出しております。15時頃には戻る予定となっておりますが（相手の意向を伺う言葉）」

② 離席中

「申し訳ございません。あいにく山下は、席を外しております。間もなく席に戻ると思いますが、（相手の意向を伺う言葉）」

③ 電話中

「申し訳ございません。あいにく山下は、他の電話に出ておりますが（相手の意向を伺う言葉）」

④ 来客中・会議中

「申し訳ございません。あいにく山下は、来客中（または会議中）でございます。15時頃には席に戻ると思いますが（相手の意向を伺う言葉）」

⑤ 取り次ぎができない会議の場合

「申し訳ございません。あいにく山下は、外出中でございます。15時頃には戻ると思いますが（相手の意向を伺う言葉）」

【相手の意向を伺う言葉】

「いかがいたしましょうか」

「戻り次第こちらからお電話いたしましょうか」

「終わり次第こちらからお電話いたしましょうか」

「お急ぎでいらっしゃいますか」

※これらの言い回しに慣れましょう。

（2）用件を伺う場合は？

① 再度、電話をくださる場合

※会社名と名前を確認します。

「R社の恩田さまでいらっしゃいますね。お電話をお待ちいたしております」

② 折り返しの電話をご希望の場合

「恐れ入りますが、念のためお電話番号を伺ってもよろしいですか」

※電話番号は同時に復唱すると効率性がアップします。

「R社の恩田さまでいらっしゃいますね。では、後ほど山下よりお電話させていただきます」

③ 伝言をご希望の場合

　※おうむ返しとあいづちを打ちながら、6W3Hにそって用件を
　メモします。

④ 急ぎと言われた場合

「かしこまりました。ただ今、確認をして参りますので、少々お待ちいただけますか」

⑤ 用件を復唱する場合

「確認させていただきます。……ということでよろしいでしょうか」

⑥ 責任の所在を明確にする

「わたくし、緑川が承りました」

「わたくし、緑川と申します。山下が戻りましたら、申し伝えます」

⑦ 終わりの挨拶をする

「お電話ありがとうございました」

「では、失礼いたします」

　※相手が電話を切ったら、受話器を置きます。

電話のかけ方

（1）かける前に準備をする

① 相手の会社（組織）名、所属名、氏名を確認する

② 必要な書類を手元に置く

③ 話す内容、順序をメモしておく

（2）相手が出たら？

① 名乗って、挨拶をする

「わたくし、Ｆ銀行あゆみ支店の緑川と申します。いつも大変お世話になっております」

② 名指人を告げる

「(部署名)の恩田さまは、いらっしゃいますか」

（3）名指人が電話口に出たら？

① 名指人への挨拶

「Ｆ銀行あゆみ支店の緑川でございます。いつも大変お世話になっております」

② 名指人への配慮

「ただ今、5分ほどお時間をいただけますか？」

（4）電話の内容に入る

① 用件を伝える

「実は、△△の件でお電話をいたしました」

「早速ではございますが……」

　※用件は、6W3Hの要領で的確に言います。

② 先方が不在のとき

「本日、○△の件でお電話をいたしました。その旨、お伝え願えますか？」

③ 相手への思いやり

「後ほど、こちらからおかけ直しいたします」

※かけ直す場合、日にちと時間を伝えます。

（５）電話を切る前のまとめの挨拶

「それでは、よろしくお願いいたします」

「それでは、失礼いたします」

※挨拶し、かけ手が先に電話を切ります。

伝言の仕方（メモ活用術）

（１）受け方

① ６Ｗ３Ｈで正確に聞き、必ず伝言メモに記入する

② 要点を必ず復唱して、確認する

③ 伝言内容がよくわからないときは、納得するまで尋ねる

④ 責任の所在を明確にするため、先方に自分の名前を告げる

（２）伝え方

① 伝言内容を「伝言メモ」に記入し、不在者の机上に置く

※記入日と記入時間を忘れずに書きます。

※メモが紛失しないよう、ペーパーウエイトなどを活用します。

② 不在者が席に戻ったら、口頭でも伝える

【不在者に対する伝言メモ】	【会議・接客中の人に対する伝言メモ】

電話メモ

　月　　日 AM・PM　　時　　分

_____ さんへ

(先方) _____ 様より

〔CHECK〕

□お電話がありました。

□お電話をください。TEL. _____

□また、お電話します。（　　　頃）

□特にご伝言はないです。

〔MESSAGE〕

```
┌─────────────────────────┐
│                         │
│                         │
└─────────────────────────┘
```

　　　　　記入者：_____

MEMO

ただ今、

(先方) _____ 様より

_____ さんへ

用件

```
┌─────────────────────────┐
│                         │
│                         │
│                         │
│                         │
└─────────────────────────┘
```

〔CHECK〕

□ すぐ、電話に出ます。

□ _____時頃に折り返し電話します。

□ _____時頃にかけ直してください。

①お客さまとのタイムラグを意識するため、記入者は電話が終わったら、すぐ日時を記載する
②不在者の次にとるべき行動に印をつける
③電話の内容を端的に書く

①「電話を取り次いでよい」と指示されている場合、伝言メモを書いて、すぐ渡す
②用件を端的に書き、このあとの処理を指示してもらう
③不在者に多くを語らせず、メモで指示を仰ぐ

　基本的な電話応対スキルが身についた緑川さん。表情の見えない人にどう向き合うのか、そこを考えることで受話器の向こうにいる相手の意識や言葉づかいへの配慮が生まれてきました。

　CHAPTER 7 では、電話以外の「通信のマナー」として、メールとビジネス文書の書き方について学んでいきましょう。

CHAPTER 07

通信のマナー
▼
[メールとビジネス文書]

「伝えたい人」へ情報を届ける

「確実」——それは情報伝達の基本です。メール、FAX とほとんどが一方向行為であるため、「確実」に伝えることは簡単なようで意外にむずかいこと。相手の状況・通信環境に配慮した「通信マナー」技術をともに学びましょう。

メール

「便利」だからこそメールは送信前に確認を

勝田 緑川さん、電話応対は順調？

緑川 はい、慌てず応対できるようになりました。

勝田 それはよかった。

緑川 今日は、『通信方法のマナー』ということで頻繁に使うメールについてですが、基本ルールをきちんと身につけたいです。よろしくお願いいたします。

勝田 最近は、電話よりもメールを使う機会が多いよね。メールの相手に不快な思いをさせないためにも、そして緑川さんが恥をかかないためにも学んでおくのは大事だと思う。メールは、便利だけど誤送信などのトラブルがおこりやすいし、その防止策を含めていっしょに整理することにしよう。

緑川 たしかに誤送信はこわいです。親しい友だちとのメールならまだ、謝れば許されるとしても、仕事はそうはいかないですから。

勝田 そうだね。驚かすつもりじゃないが、内容によっては、思わぬ損失を会社に与えてしまうこともある。誰に、何を、どういうふうに伝えるのか、それは誤解を招く書き方ではな

緑川若菜

勝田正義

いかも含めて、メールを送信する前に読み返しをしたいものだね。具体的にどういうことに気配りが必要なのか、これから学ぶことにしよう。

　勝田さんの話を聞き、「学生時代のようなやりとりでは、会社に迷惑をかけてしまうかも」と、真剣に通信マナーを学ぶことにした緑川さん。目的によって通信方法は、さまざまです。組織で使われる情報収集や伝達のツールについて考えていきましょう。

理解を深める

情報を確実に届ける通信方法を選択する

　ビジネスでの情報収集や伝達などのツールには、電話、FAX、Eメール、文書などがあります。儀礼に関して相手と連絡をとりたいときには、手紙があります。発信者は、「伝えたい内容の質や量」「時間的な制約(緊急性)」などを考える必要があります。

　また、受信者の「仕事状況(繁閑期)」「不在状況(長期出張や出向など)」なども考えて発信します。ツールの特性を考慮し、

TPOによって使い分ける必要も。そのためにも、それぞれのツールの特徴を理解しておきましょう。

行動する

仕事スタイルでFAX・Eメールを使い分けよう

通信方法には、それぞれメリットとデメリットがあります。発信する側の都合で送るのではなく、常に受信者の状況(相手のこと)を考えて送るようにしましょう。

情報・伝達ツールとしてのメリットとデメリット
（1）FAX
【メリット】
① 電話同様、スピードが速い
② 相手の在席状況に拘わらず送ることができる
③ 証拠能力がある(紙媒体)
④ 絵や図表も送ることができる

【デメリット】

① 送信状がない場合、相手（受信者）の手元に渡るまで、時間がかかる場合がある

② 相手以外の人に見られるおそれがある

③ 機種により、不鮮明になることがある

④ 相手の紙を使うことになる（大量送信は失礼にあたる）

※相手の受信機能（接続方式）を考慮します。

※送信するときは二人一組になって、FAX番号を読み上げ、目視で確認後、送信ボタンを押します。

（2）Eメール

【メリット】

① スピードが速い

② 相手の在席状況に拘わらず送ることができる

③ 証拠能力がある（電子媒体）

④ 添付ファイルで絵や図表なども送れる

⑤ 同じ内容で、同時に多くの人へ送ることができる

⑥ 通信コスト面で経済的である

⑦ 返信しやすい

⑧ 受信者が内容を加工できる

【デメリット】

① 利用頻度が少ない人へ送った場合、情報がなかなか伝わらないことがある

② 送信容量に上限があるものは送りにくい

③ 受信者にも通信コストがかかる

④ 添付ファイルを使わなければ、文字しか送れない

⑤ 情報整理ができていないと、検索に時間がかかる

（3）文書・手紙
【メリット】

① 相手の在席状況に拘わらず送ることができる

② 鮮明な書面で送れる

③ 郵送や送付に関わるすべての経費を発信者が負担する

④ 書面のため、いつでも開いて読める

⑤ 儀礼上、最も丁寧な通信ツールである

【デメリット】

① ツールの中で最もスピードが遅い

② 手間がかかる

　　具体的には、

　　・文書作成

　　・組織の承認を得る

・封書書き(宛名シール貼り)

・切手貼り

・投函

　などの段取りがある

③ 文章能力に欠ける文書の場合、組織としての信用を失うこともある

④ 封筒に「重要」と明記されていない場合、開封が遅れることもある

Eメールの書き方〈ポイント〉

（１）件名は、受信者にすぐ開いてもらえるような書き方(表現)をする

（２）本文の書き出しでは、「拝啓」「前略」などの『頭語』を省略する

　　※受信者への気づかいを示すひと言を入れるとよいでしょう。

たとえば、

「先般はご面談いただき、誠にありがとうございます」

「先般は貴重なお時間を頂戴し、誠にありがとうございます」

「先般はご来社くださいまして、誠にありがとうございます」

　　　　　　　　　　　　　　　　　　　　　　　　　　　など。

（３）本文は、文字数や行間を考慮し、箇条書きにする

　　※文字数が多い冗長な文章は、読む気が失せるものです。

（４）送信ボタンを押す前に、必ずメールの内容や誤字脱字
　　などをチェックする

（５）返信時は、元メールを全文引用しないこと

　　※質疑応答形式の場合は、元メールの下段に「回答」を書きます。

（６）CC:Carbon Copy

　　※受信者を同時に指名する場合に使います。

　　※CCに記載された受信者のアドレスが開示されるので、注意が必
　　要です。

（７）BCC:Blind Carbon Copy

　　※受信者が自分以外にどこへ送信されたかわからないので、複数
　　以上の面識がない人へ一斉送信するときや個人の端末に送信す
　　るときなどに使います。

【Ｅメールの書き方例】

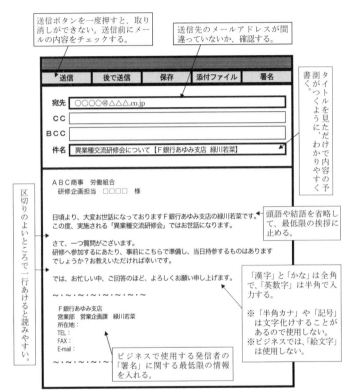

FAX

気づく

送信前に受信先の番号を確認する

緑川　通信ツールも相手に配慮して選択しなければ、ご迷惑をおかけしてしまうのですね。

勝田　そうなんだ。お客さまの仕事の環境や働き方によって、それぞれの好みの方法があると思うよ。だから、日ごろから相手とコミュニケーションをとって、さり気なくその好みを聞いておくのもいいと思うよ。

緑川　そうですね。ところで、テキストの内容でわからないことがあるんですが、教えていただけますか。

勝田　どこかな？

緑川　FAXのところです。最後のほうに、「相手の受信機能（接続方式）を考慮する」と書いていますが、どういう意味ですか。

勝田　それね。テキストを執筆した人はおそらく次のようなシーンを想定していると思うんだ、僕の想像なんだが話そう。

緑川　はい。

勝田　大学時代の友人から聞いた話なんだけど、彼が就職した会社にはFAX番号がいくつかあって。

緑川　それなら、うちも同じですよ。

勝田　まぁ、最後まで聞いてくれるかな。彼の会社には数多

 緑川若菜
 勝田正義

くの代理店があって、ある番号が受信したFAXは、同時にすべての代理店にも一斉送信されるようになっているんだって。

緑川 だから、受信する会社のFAX機能を確認しておく必要があるという話ですね。

勝田 その通り。

緑川 だとしたら、誤送信したときのことを想像するとこわくなります。

勝田 こちらにそのつもりがなくても、緑川さんが想定した人以外の相手に届いてしまったがゆえに、個人情報保護法に違反する場合がある。

　だから、相当慎重にFAXを送らなければいけないのはたしかかな。そのほかに、何か質問はある？

緑川 ほかにはないですが、勝田さんからアドバイスはありますか。

勝田 メールの「CC」と「BCC」の件かな……。以前にね、ある勉強会に参加したことがあってその会が終わった後、主催者からメールがきたんだ。

　それも「CC」でね。参加者はみんな勉強会で初めて知り合った人だから、参加者の一人から突然、フレンドリーなメールがきたときは、何となく嫌な感じがしたかな。

緑川 わかります。経験がありますから。知り合いになったから、今後のためにつながっておこうという意図を感じてし

まいます。少しいじわるな見方ですが……。

理解を深める

「1通の誤送信」でカーテンが値引きに

　気分を変えるために、デパートへカーテンを買いに行った
ときのことです。素敵な色や柄を見ているうちに、高額の出
費を覚悟して、全室のカーテンを変えることにしました。

　種類が豊富で迷いましたが、サイズを測って行ったことも
あり、即注文。後日、自宅に1枚のFAXが届きました。数字
がたくさん書いてあり、一瞬何のFAXかと思ったのですが驚
くことに、それはカーテンのメーカーからのものだったので
す。

　宛先が、デパートの名前で値段が詳細に記載されていまし
た。

　私の手元には2枚の紙が──。1枚はデパートから提示さ
れた見積書と、もう1枚が送信されてきた見積書。ここで卸
値を見てしまった私は、正直ムッとしたのです。

　ビジネスのしくみがわかるので、販売されている価格との

差は想像がつくとは言え、この差額は何だという思いで、自宅の近くだったこともあり、デパートへそのFAXを持参しました。結果、すべて卸値でカーテンを購入したのでした。

その後、デパートとメーカーの間でトラブルになったのではないか……と、心配しています。

行動する

「早く届けたい」なら送信状は必ず添付

FAXの内容を届けたい人は誰なのか。「受信者名」と「発信者名」「送信日」と「送信枚数」を記入した送信状をつけます。一目で内容がわかるよう「件名」を書き、端的に「内容」を書きましょう。

FAX送信状

送信日:○○○○年○月○日

送信枚数:本状を含め　　　枚

受信先:
相手の会社・組織名
　担当部署名
　担当者名

発信元:
自分の組織名
所在地
担当部署名
担当者名
Tel:
Fax:

拝啓　時下ますますご盛栄のこととお慶び申し上げます。
平素より、格別のご高配を賜り、誠にありがとうございます。
下記の件でFAXを送信いたしますので、ご査収願います。

敬具

記

件　名	

以上

　FAXで送信した情報をきちんと受け取ってもらうためには、送信者名と送信枚数の記載が重要。受取人が、いつ、誰から、何枚のFAXを受け取ったのか、そこを常に確認できるような配慮をしましょう。受け取り枚数が抜けていることに気づかず、送り手と受け手の認識が違えばトラブルの原因にもなりかねません。

ビジネス文書

気づく

！

「書式」をひな形にしよう

緑川 ビジネス文書を書くことってありますか？

勝田 よくあるよ。

緑川 研修で、ビジネス文書は組織の意思表示であると習ったような気がしますが。

勝田 そうだね。社外文書の場合は、そのような表現をする。

緑川 私のキャリアで、社外文書を書くことはないので、今は必要性をあまり感じないんですが。

勝田 そうかもしれないね。ただ文書って社外文書だけではないよね。ちょっと考えてみて？

緑川 有給休暇を取得したいときの届出書とか？

勝田 まぁ、それも文書であることは事実だけど。そっかー。緑川さんは提案書や稟議書というのを書いたことがないものね。ピンとこなくて当然だと思う。

緑川 そういえば、研修終了後に受講報告書というのを書きました。

勝田 そうそう、その報告書もビジネス文書だね。受講報告書は、組織にいたら、しょっちゅう書くことになると思うよ。

 緑川若菜
 勝田正義

だから書き慣れておいたほうがいい。先の話になるだろうけど、会議に出たら議事録も書くしね。組織にはさまざまな文書があるから、書き方のポイントを押さえておくと、必ず役に立つはずだ。

緑川 それなら、ぜひとも基本から指導をお願いいたします。

勝田 わかった。では、以前に学んだロジックツリー(P110)を思い出してみてくれるかな。あのとき、まず思考を整理しただろう。その後、論理的な話し方をトレーニングしたよね。

緑川 はい、あのトレーニングは、かなり役立ちました。日々、お客さまと接する中で、簡潔明瞭に話すことができるようになりました。

勝田 それは良かった。今度は、思考を整理したら、それぞれの文書の書式に合わせて、書き込んでいくんだ。

緑川 むずかしそうですね……。

勝田 そんなことはないよ。ビジネス文書ほど書きやすいものはないと思う。私も書くことに抵抗感を持っていたけど、書式があるから意外と書きやすいんだ。

緑川 そうなんですかぁ。

勝田 考えている時間があったら、書いてみよう。まずは、基本を振り返ってから実際に書いていくよ。

緑川 このテーマが、一番苦手かもしれません。

勝田 大丈夫！　緑川さんなら、理解力が高いから、すぐ苦

手感を克服できるはず。

緑川 頑張ります。

> ビジネス文書を書いたことがない緑川さんですが、勝田さんから、書式があるから書きやすいとアドバイスされ、挑戦してみようと思っています。まずは、書式を学び、書き方のコツをつかむことにしましょう。

理解を深める

文書は6W3Hを意識して書く

　ビジネス文書の場合は、儀礼文書と異なり事務的に書くことがポイントです。つまり、感情を入れずに、事実を中心に用件が伝わるように書きましょう。

（1）目的を明確にする
　※「なにを」伝達する文書であるのかを決めます。

（2）6W3Hで伝えたいことを整理する

When（いつ）

Where（どこで）

Who（だれが）

What（なにを）

Why（なぜ）

Whom（だれに）

How（どのように）

How much（いくら）

How many（いくつ）

※ポイントを押さえると文章を作成しやすくなります。

（3）受信者と発信者の関係を理解しておく

① 受信者の立場や年齢を尊重し、言葉を選ぶ

② 文書の効力として、職位の均衡を保つ

※社外文書の場合、発信者は「課長」以上の役職者になります。

※課長職が発信できる相手は、課長職以下の人です。それに対して発信者は、自分の役職より上の人には発信できません。

※社外文書の場合、必ずしも発信者が書いているとは限りません。代行者が書いている場合、文書の発信許可をとります。その証しとして、発信者が文書に職印を押します。

※文書に担当者名と連絡先を記載するのは、「文書の内容について、ご不明な点がありましたら、私までお問い合わせ願います」という意味があるからです。

また、実際に文書を書いている人が、担当者である場合が多

いのです。

（4）簡潔明瞭がポイント

① ６Ｗ３Ｈでポイントを整理する

② 伝えたい内容が多い場合は箇条書きにする

③ 短文で書く

※句点「。」がない文章は、冗長で何を言いたいのか相手に伝わりにくくなります。

（5）行間に情緒を漂わせない

ビジネス文書は、情報の伝達として事実描写が基本。

儀礼文書や私的文書のように感情表現を避けましょう。

（6）必ず文章を推敲すること

① 誤字脱字、数字の間違い、曖昧な表現などがないか確認する

② 専門用語、隠語などを相手に伝わる表現に直す

※異業種の方に発信する文書は、特に注意を払いましょう。

行動する

ビジネス文書は「1枚1用件」が基本

ビジネスでは、目的に応じて文書を使い分けます。よく使われる文書の書式や書き方のポイントを覚えましょう。

(1) 社外文書の構成（基本の書式）

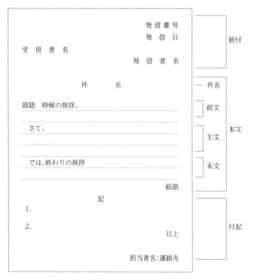

※書き方が決まっているため、書きやすいのが「前付」「件名」「前文」「末文」です。
※件名について書かれているところが「主文」です。

【社外文書の例】

東営発　第○○○○号

○○○●年9月10日

株式会社 コンサル・ブレイン

営業課長　高田　雄二　様

F銀行あゆみ支店

総務課長　鈴木健夫㊞

○○○▲年度　上期販売促進会議の件

拝啓　爽秋の候、貴社益々ご隆盛のこととお慶び申し上げます。日頃
より、格別のご高配を賜り、厚く御礼申し上げます。

　さて、○○○▲年度の上期販売促進会議を下記の通り開催いたしま
すので、ご出席くださいますようお願い申し上げます。

　なお、お手数ながら、同封したアンケート用紙にご記入の上、当日
お持ちください。まずは、ご案内申し上げます。

敬具

記

1．日　時　　○○○●年11月1日（○）13時〜16時
2．場　所　　当社5階会議室（A5号室）
3．議　題　　○○○▲年度上期キャンペーン戦略方法　他
4．同封物　　（1）アンケート用紙　1枚
　　　　　　　（2）会場ご案内図　　1枚

以上

担当：総務課　山　野

（内線：4885）

※内容によっては発信履歴を残すため、必ず発信番号を記載します。
※組織の意思表示として、発信者の職印を押します。
※問い合わせ先として、担当者名と連絡先を記載します。

※会議の招集に関する文書は、受信者がスケジュール調整できるよう
　に開催日の最低1カ月前までに発信します。

※印鑑は、少し名前にかかるように傾けて押します。

※「主文」に書かれている内容の詳細は、「付記」に記載します。

（2）社内文書の例

①社外文書と違い、用件を簡潔に伝えるために「主文」
のみを記載する

②詳細が必要な場合は、添え書き（副文）をする

総発　第○○○○号
○○○○年○月○日

社　員　各　位

総務部　健康管理課

ストレスチェックのお知らせ

　本年度のストレスチェックを実施いたします。社員全員、必
ずチェックを行ってください。

　　　　　　　　　　　　　　記
　１．提出期限　　○○○○年○月○日（○）17時
　２．提出場所　　総務部　健康管理課

　※記入に際し、不明な点がありましたら、健康管理課まで
　　ご連絡ください。

以上

担当：保健師　鈴木
（内線２０２）

主文・副文

　「各位」という言葉は敬称。また、大勢の方に宛てたいときにのみ使うよう
にしましょう。社内文書は「多数の人」「特定の人」に発信することが多いた
め受信者名につける敬称は、「社員各位」「課長各位」などと書きます。目上の
人に用いることもできます。

（3）報告書(一般的な書式)

①指示された仕事を終え、文書報告を指示されたときに作成する

②どのような目的で誰に報告するのかを把握したうえで、文書の構成を決める

③基本的には、「事実」を基に作成するが、「改善案」の提起を求められる場合がある

④報告書の提出先によって、書き方のポイントがある

　a トップマネジメントに対して

　　簡潔明瞭を意識して、報告事項を事実描写的にまとめます。

　b ミドルマネジメントに対して

　　仕事の指示者である直属の上司や所属部署に対して提出するときは、上司が意図する内容を盛り込みます。そのためにも、日頃からコミュニケーションを図っておきましょう。

　c お客さまに対して

　　社外文書を書くように、相手に失礼がないよう、丁重な書き方をします。簡潔を心がけて、提出期限を厳守しましょう。

報　告　書		認	○○長	○○長	○○長
年　　　月　　　日提出		印			
提出者	氏名		所属名		
件　　名					
結　　論					
理　　由					
経　　過					
所　　感					
備　　考					

※文書作成に必要な項目のみを記載しています。
※ビジネス文書の中で種類が豊富なのが「報告書」。社員が簡単に記入できる
　よう簡易なフォーマットをつくっています。項目に沿って記入していきま
　しょう。

（4）提案書（一般的な書式）

　　提案書は、組織やお客さまに提案していく文書のこと
です。作成するときは、時流に合った新鮮・旬な情報、
正確な情報を収集します。

　　提案書は、用紙（Ａ４版）１枚にまとめ、詳細な説明が
必要なときは、添付資料を充実させます（パワーポイント
で作成した資料や冊子など）。内容は相手の興味を引くもの
ではありますが、奇をてらったような書き方は避けまし
ょう。

	提　案　書				

	決裁印	○長	○長	○長
提案日：　　　年　　月　　日				
決済日：　　　年　　月　　日				

提　出　者	部署名		氏　名		印

下記の通り、ご提案申し上げます。

記

テ　ー　マ	※提案内容が一目でわかるように簡潔な書き方をします。
現　　状	※現在、抱えている問題や改善したいことを記載します。
内　　容	※テーマに対する詳細を記載します。
理　　由	※なぜ、このような内容を提案するのかを端的に説明します。
特　　徴	※提案内容で際立っている点を記載します。
効　　果	※提案内容を実施することで、会社に与える利益を記載します。
リソース	※提案内容を実施する場合に必要となる「人・物・金・時間・情報」を記載します。
メリット	※提案内容の利点や価値を記載します。
デメリット	※提案内容の欠点や損失を記載します。
実　施　時　期	※提案内容を実施する期間を明記します。
責　任　者	※提案内容の実施に関わる人を明確にしておきます。
参　考　資　料	※提案の「内容」や「特徴」の説明を補完するために添付するものを記載します。
そ　の　他	※上記以外で補足することを記載します。

以上

※社内向けに提案するときのフォーマットです。
※社外向けに提案するときは、「現状」欄を充実させるために、時間をかけてニーズサーベイ(お客様との関係を通し、本当のニーズを引き出して共感しあうこと)が必要です。
※お客さま(クライアント)より、提案依頼書(Request for Proposal)を受領していた場合は、その項目に則った内容を必ず入れましょう。

(5) 議事録(会議報告書)の例

　　議事録とは、会議で話し合われた内容、経過、結論な

どを記録しておくための文書のことです。重要なものについては、会社の歴史がわかるような「備忘録」として、残しておくこともあります。

議事録（会議報告書）	作成日	承認印	承認印
	年　　月　　日		

日　　　　時	○○○○年○○月○○日（○）13：00～17：00
場　　　　所	本社　7階会議室
出 席 者 名 （敬　称　略）	議長（　　　　　　）　副議長（　　　　　　）　書記（　　　　　　）印 参加者　A（　　　　　　　　　）　　B（　　　　　　　　　） C（　　　　　　　　　）　　D（　　　　　　　　　）
記 録 者 名	■■支店　□□□□
議　　　　題	業務効率化へ向けた取り組み
議　　　　案	A　…　申込書の不備撲滅 B　…　代理店コンプライアンス研修実施（代筆撲滅に向けて） C　…　会議時間の設定（上限1時間とする） D　…　営業の業務自立化促進およびそれを実現するための教育体系の構築と実践 ※各グループの議案内容の詳細につきましては、添付の「提案書」をご参照願います。
議事の経過	1．各グループの議案発表 2．各グループの議案内容の補足説明と質疑応答 　※議案に対する解説（補足説明および質問に対する回答） 　A　…　実効性が高く、直近で取り組みやすいため、役割分担を見直しキャリア 　　　　社員が代理店を教育指導していく。 　B　…　不祥事が起こることにより、企業の社会的責任が問われ、収益減につな 　　　　がる。従って、店主・経営者にスタッフ向けの懲罰・社内規定を作って 　　　　もらう。 　C　…　キャリア社員は、代理店とのコミュニケーションを密にするため、訪問 　　　　回数を増やす。そのためには、週一で行っている会議時間を短縮するこ 　　　　とで、訪問時間を捻出する。 　D　…　「仕事をしていて、何が嬉しいか？」の問いかけから、議案を提示した 　　　　思いを再度語る。 　　　　①キャリア職　…　時間がかかる申込書のチェックが不要になる。 　　　　②クリエイト職　…　引受件数や売上などの数字が増えていく。 　　　　以上の①と②を実現させるため、代理店の早期自立を実現させる。
議事の結果	1．結果 　多数決により、CグループとDグループの議案が採択された。同票のため議 　長の決断により、Cグループの議案に決定した。 2．今後 　議案について、充分な議論をしていないため、引き続き会議を実施する旨が、 　副議長より告げられた。次回の会議日程については、会議参加者へ追って、△△ 　にて通知予定。

※会社には、会議を行った分の「議事録（会議報告書）」が存在します。
※文書には、「誰の発言」なのかを記載しますが、書き終わったら必ず発言者に確認しましょう。

（6）文書作成に役立つマナー

頭語と結語

	頭　　語	結　　語
普 通 の 文 書	拝啓　拝呈　啓白　啓上	敬具　拝具　敬白
改 ま っ た 文 書	謹啓　謹呈　恭啓　粛啓	敬具　頓首　謹白
前 文 省 略 の 文 書	前略　冠省　略啓	草々　早々　不一　怱々
緊 急 の 文 書	急啓　急呈　急白	敬具　草々　不一　怱々
返 信 の 文 書	拝復　復啓　謹復	敬具　拝具　敬白
再 信 の 文 書	再啓　再呈　追啓	再拝　敬具　拝具　敬白
初 め て 出 す 文 書	拝啓　啓白　拝白	敬具　敬白　拝具

時候の挨拶例

1月	頌春　　新春　　極寒　　厳寒
2月	晩冬　　向春　　余寒　　立春
3月	早春　　春雪　　軽暖　　春和　　迎梅
4月	陽春　　仲春　　春暖　　春爛漫　　桜花爛漫
5月	晩春　　新緑　　若葉　　緑樹　　薫風　　薄暑
6月	入梅・梅雨・長雨　　初夏　　麦秋　　向暑
7月	盛夏　　仲夏　　真夏　　早星　　猛暑　　炎暑
8月	残暑　　晩夏　　暮夏　　立秋　　秋暑　　新涼
9月	初秋　　早秋　　爽涼　　仲秋　　白露
10月	錦秋　　清秋　　秋冷　　紅葉　　菊香
11月	晩秋　　暮秋　　深秋　　向寒　　初霜　　小雪
12月	師走　　初冬　　寒冷　　初氷　　年末

※すべての言葉の後に「の候」がつきます。
※時候の挨拶例ですが、月の上旬、中旬、下旬の順番で記載しています。

[まとめ]
❦ 考えてみよう ❦

　メールやビジネス文章について、緑川さんは書き方のコツをつかんだようです。今後、文書作成を任されたときは、CHAPTER 7 を振り返り、書き慣れることが上達への早道であることを心得ましょう。

　CHAPTER 8 では、いざというときのために「おもてなしのマナー」について学びます。プライベートで役立ちます。

CHAPTER 08

おもてなしのマナー

▼

[接待]

至福の時を過ごしていただく「おもてなし」

お客さまの好みに合わせた接待には、食事やお茶のほか、観劇やスポーツなどがあります。頻度が高い会食の接待マナーをマスターしましょう。

接　待

気づく

！

接待で大切な目配りと気配り

緑川　佐野次長から来週のA工業さまへの接待に同席するように指示がありました。

勝田　緑川さん、すごいじゃないか。A工業さまと言えば、開業時からウチの支店のお得意さまで、大口の融資先でもある。社長も次期社長もすばらしい経営者だよ。

緑川　大口のお客さまだからこそ、緊張します。

勝田　気持ちはわかる。でも、どうして同席するようにとの指示がきたのか理由は聞いた？

緑川　はい。この間、社長の奥さまがカウンターにお見えになり、ロビーに飾ってある生け花を褒めてくださったんです。私が生けたものだったのですが、華道の話で盛り上がりまして、「一度ゆっくりお話を伺いたいわ」とおっしゃって。奥さまからのご指名だそうです。

勝田　いつも綺麗な花をロビーに生けてくれて、みんなが心から感謝しているよ。ましてお客さまからお褒めの言葉をいただくと本当にうれしいよね。

緑川　私もうれしいんですが、宴席に呼ばれるのはちょっと

 緑川若菜
 勝田正義

……。

勝田 わかった！マナーブックにも載っていないから、いっしょに整理してみようか。

緑川 ありがとうございます。

勝田 今回は同席だけだけど、いつか幹事を任されることもあるだろうから、一通り説明するね。幹事はお客さまに楽しい時間やくつろぎの時間を過ごしてもらうために、準備段階から関わっていく大切な役割を担うんだ。気が抜けない裏方として重要な仕事だよ。

緑川 うわ〜、いろいろと目配りと気配り、約束ごとがあるんですね。

勝田 感謝と敬意を表しながら、爽やかに自社や自分をアピールすることが目的だけど、一番大切なのは、お客さまに喜んでもらうことだよ。今回はお客さまと共通の話題である華道の話があるので、前準備も大丈夫だと思うよ。さあ、接待のマナーについて学ぶことにしようか。

> 接待の場に同席することになって、緊張ぎみの緑川さんでしたが、「一番大切なことは、お客さまに喜んでもらうこと」と勝田さんからアドバイスされ、少し肩の荷が下りたようですね。ここでは「おもてなしのマナー」を学びましょう。

理解を深める

接待はお客さまとの仲を深める潤滑油

　お客さまとの関係を密にする「きっかけ」の一つとして、「接待」があります。接待をする側の立場をわきまえた節度あるおもてなしは、お客さまに喜ばれますし、お客さまの記憶に残るものです。

　接待では、どんな話をするのかが大切。たとえば、趣味、プライベートの過ごし方、出身地、家族構成など、あらかじめ準備した話題で場を盛り上げることができます。

　しかし、宴席でしてはいけない話もあり、政治(支持政党)、思想、宗教などの話題は避けたほうが無難。また、接待中は、こちらから商談の話を積極的にしないことも必要です。もし、お客さまから話題が出たときは自分の希望を適切に伝えること。同時に、お客さまのご要望を積極的に伺いましょう。

　競合他社の話題が出たとしても、絶対に悪口や悪評などを口にしないことも押さえておきたいポイントです。

　また、次の面談のときに、時間をともにできたことにお礼をすることが大事。その際にお客さまの反応を確認します。その反応に応じて再度、場を設ける旨を伝え、さらに様子を

みるようにしましょう。

　競合他社も同じような接待をしている可能性があるため、接待の方法や話題などを工夫します。そのためには日頃からの信頼関係づくりや会話の積み重ねが重要です。

　接待は一度きりではなく、その後も定期的にコンタクトを取り、本音を言い合える関係や、携帯電話で直接連絡が取れるような間柄を目指しましょう。

行動する

接待はお客さまを誘うときからはじまる

　接待も日常業務と同様で事前準備が肝心です。情報収集をしたら実際に行動し、検証することが大切です。『一期一会』の気持ちでお客さまをもてなし、満足していただけるように「接待の心得」と「もてなし方」を身につけましょう。

【接待の目的】

（１）お客さまに感謝し、喜んでいただく

（２）お客さまと本音でつきあえる関係になる

（3）信頼関係の強化と円滑な営業活動の基盤をつくる

（4）商談を有利に進めるためにお客さまの状況や意向を伺う

【接待の事前準備】

（1）誘い方

　取引先の役員といった特定の個人への接待は、企業間でのつきあいではなく、あくまでも「個人と個人の親睦」がベース。コンプライアンス意識の高まりで、接待の誘いは受け入れてもらえないこともあります。そのときに、信頼関係があることはもちろん、相手の立場に配慮することはマナーの基本。いつ、誰から誘うのかが重要です。

　また、お客さまの嗜好には、「食事をする」「ゴルフをする」「芸術を楽しむ」など、いくつか種類があるので接待したいお客さまの最も興味のあるものを日頃の会話の中から把握しましょう。そうすることで、喜んで参加していただける環境をつくることができます。また、接待する側として共通の話題を入手しておくと場が盛り上がります。

（2）出席メンバーの調整

① 接待が決まったら、お客さま側の参加メンバーを確認

② 社内からはお客さま側と同格のメンバーを調整

③ お客さまの指名があれば、そのメンバーに入れる

（3）お客さまの嗜好の確認

① 食事での接待は、お客さまの好みを確認する

② お客さまの業種・業態によっては、ライバル会社が運営するお店や商品が出てくるお店を避ける

③ 企業によっては、財閥グループに属しているため、ビールの銘柄に注意を払う(三井グループ⇒サッポロ、三菱グループ⇒キリン、住友グループ⇒アサヒなど)

【お客さまの嗜好チェック】

接待記録

日時：　　　　年　　月　　日（　　）　　　　：　　　〜　　　：

店名：　　　　　　　　　　　　　　お店の担当者名：

電話：　　　（　　　　）

種類	日本料理　洋食　中国料理　その他	接待の主旨	
形式	着席　　その他（　　　　　　　　　　）		
人数	メインゲスト		
	（　　　　　　　　　）氏、他　　名		
	ホスト（　　　　　　　）、他　　名		

■メインゲストの嗜好チェック　　　　　※好まれたものに「○」

お酒	醸造酒	澱粉質	ビール　日本酒　老酒
		糖　質	ワイン（銘柄：　　　　　　　　　　）
	蒸留酒	果実酒	ブランデー
		穀　類	ウイスキー　ジン　ウオッカ
		その他	テキーラ　ラム　その他（　　　　　）
	混成酒		リキュール　　ベルモット
お肉	牛肉　仔羊肉　鴨肉　豚肉　鶏肉　その他（　　　　　　　　）		
お魚	鱒　鮭　すずき　舌平目　平目　鰯　車海老　伊勢海老　帆立貝		
飲料	珈琲　紅茶（種類：　　　　　　　）ジュース（種類：　　　　　　）		
苦手な食材			
アレルギー	なし　　あり（　　　　　　　　　　　　　　　）		
接待部署名	（幹事氏名：　　　　　　）		

（4）お店選び

①接待の目的とお客さまにふさわしいお店を選ぶ

②お客さまの会社や自宅からアクセスが良い場所を選ぶ

　　※事前にお客さまの了承を得ておくこともケースによっては必要です。

③お店が決まったら事前に下見をする

　　※確保(予定)されている個室やトイレの場所を確認しよう。

　　※お店の責任者に挨拶をすませておくと安心です。

④料理はアラカルトではなく、事前にコースを予約しておく

　　※待たされてイライラすることがないのでおすすめです。

⑤フロアー席ではなく、個室を選ぶ

(5) お土産選び

① 上司に相談し、必要な場合には予算内で用意する

② 上品な包装紙に包まれた価値が伝わる銘菓がよい。または、奥さまやご家族が喜ぶもの、後日話題にできるようなものでも良い。たとえば、和三盆や国産小豆を使った高級和菓子。希少価値がある烏骨鶏やはちみつを使ったお菓子や高級フルーツ。手に入りにくいお酒など。家族で旅行したときの思い出を語ったり、会話がはずんだりと、家族団らんのひと時に色を添えるようなものがおすすめできる。

③ お土産の持ち帰り用として、新しい手提げ袋をお客さまの人数分、購入時に追加でもらう

④ タクシーの手配については、あらかじめ上司に確認しておく。必要な場合にはタクシーチケットを封筒に入れて準備する

（6）最終確認

① 参加メンバーに変更がないか確認する

② 当日の緊急連絡先などを交換する

【ポイント】

　非公式な接待の場合、接待者以外に情報が漏れないように注意しましょう（電話での伝言メモなどは残さない）。

【接待当日】

（1）待ち合わせと当日の最終確認

① 待ち合わせはお店やお店以外のどちらの場合も、必ず15分前には到着し、出迎えること

② お店以外での待ち合わせの場合、人が少ないわかりやすい場所を選ぶ

③ お店での待ち合わせの場合、必ず事前に入店し、お店にひと言挨拶する

④ 手土産を会計レジ周辺で預かってもらう（新しい手提げ袋に個別でセットしておくと、手渡すときにスマート）

⑤ 事前に席次と、本日の接待ポイントについてホスト側メンバー全員で確認しておく

⑥ ホスト側の中で最も若い人は入り口でスタンバイし、出迎える。

（2）おもてなし

① お客さまにくつろいでいただくため、ホスト側からお客さまへ上着を脱ぐようにすすめる

※お客さまが脱がない場合は、こちらも脱がない配慮をしよう。

② 食事はお客さまから先に召し上がっていただく

③ 食べるスピードや飲むスピードも合わせるのが基本

④ お酒をどんどん注ぎ足すことはせず、タイミングを見計らうことが大事

⑤ お酒の進みが止まっているお客さまには、「よろしければ、別のものはいかがですか？」と声をかける

⑥ お酒が飲めない方には無理強いしない

⑦ お酒を注ぐときや受けるときは両手で

⑧ 熱燗の場合は、お猪口を飲み干して返杯する

⑨ お客さまに喫煙される方がいらしたら、灰皿の場所や定期的な交換にも配慮する

⑩ お客さまの中で喫煙される方がいなければ、ホスト側
　　メンバーも喫煙は控える

（3）清算

① 閉会時間の前に、トイレに立つようにし、清算を済ま
　　せておく

② 清算のとき、忘れずに領収書を発行してもらう

（4）タクシーの手配

① 清算が終わった時点で、必要台数分のタクシーをお店
　　の人に予約してもらう

② その際、タクシーチケットが使える車を手配してもらう

（5）お土産を渡す

① お店を出る直前にお土産を渡す

② お土産は、上司からお客さま一人ずつに渡してもらう

③ お土産を渡すときは、お土産が入った包み(袋)の底を左
　　手に載せ、取っ手を右手で持つ

（6）お見送り

① タクシーに乗り込む直前にお客さまへタクシーチケッ
　　トを渡す

② 可能であればタクシー運転手の方にもひと言挨拶すると、印象が良くなる

③ ホスト側全員でお見送りをする。お客さまの目を見てしっかり、爽やかに挨拶をする

（7）残食チェック

① お客さまが残された食事や好まれた飲みものを確認する

② お客さまの嗜好について記録しておく（P196参照）

（8）お店の方へのお礼

① お世話になった旨のお礼を言う

② 提供されたサービスについて、満足な点や不満足な点、両方について特にコメントがあれば責任者の方に伝える

【二次会】
（1）二次会の準備

① 二次会が発生するかしないかは、接待途中の盛り上がり方やお客さまからのリクエスト、上司の指示で決まる

② 事前に一次会会場近辺で、下調べをしておくと安心。その場合、一次会よりはリラックスした場所の方がよい

③ 二次会の開催決定時には、一次会の途中でタイミングよく中座し、二次会のお店へ電話予約を入れておく

201

④ 場合によっては、お客さま側から二次会のお店予約や
　お支払いの申し出がある

　※予約はお願いしてもよいが、支払いについては二次会
　　終了間際に同席の上司へ確認しましょう。

⑤ お客さま側がお支払いを希望された場合には、折半を
　申し出る

　※全額お支払いいただいた場合には、次回の支払いをお約束しま
　　しょう。

（2）二次会でのおもてなし

① お互いに酔っていることが多いため、いつも以上にマ
　ナーや立ち居振る舞いに注意する

② カラオケでは、お客さまの好みに合わせて自分も選曲
　する。そのため幅広い年代や分野の歌を歌えるとよい

③ 事前にお客さまの会社の方に、十八番の曲をヒアリン
　グできていればベスト

④ お客さまに緊張感を与えないため、最初はホスト側の
　メンバーで「あまり歌が上手くない人」が歌うと、意
　外に場は盛り上がる。あくまでも主役はお客さまであ
　ることを肝に銘じておきたい

【ポイント】

接待中は、お客さまにリラックスしていただける雰囲気づくりと共に、爽やかなマナーで敬意や感謝を現し、自社や自分に対して好印象を持ってもらうことが重要です（食事マナーについては特別付録①を参照）。

【接待後】

翌日（翌営業日）必ずお礼をします。電話でお礼をすると、お客さまの周囲に声や内容が漏れる可能性があるため、できれば朝一番のメールをおすすめします。メールは参加いただいたお客さま一人ひとりに個別に送信すると、より丁寧で親しみがわいてくるものです。電話がいいと判断した場合は、午後の早い時間にかけるようにしましょう。

［ まとめ ］
❀ 考えてみよう ❀

接待の場にご指名を受け、参加した緑川さん。新人としてはめずらしい出来事ですが、日頃からマナーに気をつけ、お客様対応をしてきた結果と思われます。これを機に緑川さんは「お客様満足・喜んでいただくため」を意識したさまざまなマナーに磨きをかけていくことでしょう。

特別付録①

会話がはずむ「食事マナー」の基本

　「和」という漢字の意味をご存じですか？
「のぎへん」は、穀物の穂が垂れている様子から「お米」を意味し、それを「口」に運び合うことで「和」が生まれるという意味だそうです。仲が悪い人たちも、食事を共にすることをきっかけに良好な人間関係が築かれていくというわけです。

　食事の接待では、主に日本料理でもてなすことが多いようです。最低限のルールを理解したうえで、接待の場に同席したり、宴席に参加したりしましょう。

会食を楽しむために

「料理をいただくタイミングは？」「懐紙はどう使えば
いいのか？」など料理を楽しみ、会話を楽しむためにも、
身につけておきたいのが会食のマナーです。食事における
基本のマナーのポイントを整理してみましょう。

　会食は、西洋料理の場合もありますが、接待を受けるお客
さま(中高年層、時には外国人)のことを考えると、まだまだ日本
料理が主流と言えます。他人に不快感を与えない「型」の行
儀作法である洋食マナーに対して、禅の精神や茶の湯に大き
な影響を受けた「心」の食事作法が和食マナーです。

　洋食では「自分が食べたいものを食べて無理をしない」と
いった、「個を尊重」する傾向がありますが、和食では、「料
理を作ってくれた人への心配り」が基底にあります。そのた
め料理を食べ残すと「おいしくない」という意思表示と受け
取られる場合があります。初めから食べきれないと思ったら、
別皿もしくは懐紙に移しておきます。

【会食の５つの心得】

1．会席料理や洋食のフルコース(ハーフコース)では、料理が献立の進行に合わせて運ばれてくるので、臨席者の食べるスピードに合わせましょう。

1．会食がはじまってからの退席は、出席者に対して失礼になるため、あらかじめ所用をすませておきましょう。

1．女性の場合、身だしなみの一つとして、杯やグラス、ナプキンに口紅がつかないよう、懐紙またはティッシュで口紅をおさえておきましょう。

1．ただ黙々と料理を食べるのはタブーです。明るい話題を選んで会話をし、料理を相手と楽しみましょう。

1．器を手に持って食べるのは和食だけです。器が大きくて、手に持てない場合は、器の縁に手を添えましょう。
※手に持ってよい器は、「茶碗、お椀、小鉢、小皿」です。

【和食の形式とマナー】

1．部屋に通されたときの心得

（1）襖や障子の立てつけが悪くなるため、敷居を踏まないようにする

（2）畳のへりを踏まないようにする

※畳にへりがなかった時代は、畳のへりから痛むためマナーになりました。

2．座布団の座り方

座布団には表と裏があります。縫い目が上からかぶさっている方が表です。座布団は布の3辺を縫っているため、輪になっている1辺があります。そこが膝にくるように座ります。座布団に座るときは、

（1） 座布団の下座脇(畳)に座り、挨拶をする

※座布団が並べられていて下座脇がない場合は、座布団の後方(畳)へ座ります。

（2） 跪座(ひざまずいて座ること)の姿勢で座布団のほうに体を向け、膝行(膝をついて進退すること)で座布団の上にのる

（3） 座布団の真ん中に座る

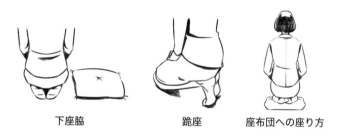

下座脇　　　　　跪座　　　　座布団への座り方

【ここだけは押さえておこう】

① 敷かれている座布団を動かさず、膳または自分の体を動かす

② 座布団は招待者からのおもてなしの心の現れである

　※その厚意に感謝して座布団の上に立たない、踏みつけないようにしよう。

3．バックの置き方

（1）クロークに預けなかった場合は、座布団の前の座卓の下に置く

（2）膳がある場合は、座布団の左脇に置く

　※隣席者との距離があるときは給仕してくれる人の邪魔にならないように置きます。

（3）和室で椅子席の場合は、椅子の右側(畳上)に置く

（4）小物の場合は、椅子の背もたれとお尻の間に置く

4．おしぼりの使い方

（1）隣席者に挨拶してから、右手でおしぼりを取り上げ、膝の手前側で半開きにし、両手指を拭く

（2）使い終えたら、軽く丸めて、おしぼり台に戻す

　※ごく親しい人との会食では、首筋や顔を拭く人もいますが、

その際はさり気なく使うようにします。

※夏場も冬場も手指の清潔と消毒のため、温かいおしぼりが出されます。おしぼりは日本独特の文化です。

5．懐紙(懐中紙)の使い方

（1）和食の場合、忘れずに懐紙を持っていく

（2）着席したら、膳の横か座布団の前に、折り目を手前にして座卓の下に置く

（3）食事中、杯やグラス、器などについた口紅を拭いたり、食べ残したものを包んだりするときに使う

（4）汁物をこぼしたとき、布巾がわりに使う

※懐紙は、和食を楽しむための小物の一つとして、いつもバックに入れておきましょう。

6．箸の正しい使い方

※右利きの人で説明。左利きの人は、所作を反対にします。

（1）割り箸の場合、体と箸が並行になるよう右手で膝の上に持ってきて、左手で下方の箸を持ち、右手で上方の箸を持ち上げて割る

（2）割った箸をいったん箸置きに置く

※割った後、すぐ料理に箸をつけるのは不作法です。

（3）箸置きから箸を取るときの動作マナー

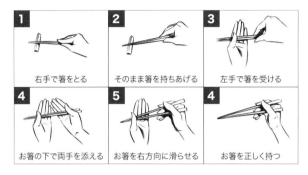

1 右手で箸をとる	2 そのまま箸を持ちあげる	3 左手で箸を受ける
4 お箸の下で両手を添える	5 お箸を右方向に滑らせる	4 お箸を正しく持つ

（4）箸を持ったままの手で器を取り上げることはマナー違反ではないが注意が必要

※美しい所作は、左手の手の平を上に向け、中指を下に下げ、人さし指と薬指の間に箸を挟みます。そして、右手で器を取り上げ、左手に載せます。器を元に戻すときは、いったん箸を左手指におさめ、右手で器を持って、元の位置に戻します。

（5）箸づかいのタブー

寄せ箸

箸で料理が入った器を引き寄せたり、押したりする行為です。

なめ箸

箸先をなめてから料理をとる行為です。

迷い箸

どの料理から食べようかと、箸を持ったままあちらこちらと迷う行為です。

変わり箸

料理を食べようと一度箸をつけ、気が変わってやめる行為です。

刺し箸

料理を箸で突き刺す行為です。

もぎ箸

箸についた食べものを口でもぎ取る行為です。

探り箸

器の中にある料理をかき回して、食べたいものを探す行為です。

涙箸

料理についた汁や醤油など、ポタポタと垂らしながら口に運ぶ行為です。

重ね箸

同じ料理を続けて口に運ぶ行為です。

特別付録 ① 会話がはずむ「食事マナー」の基本

押し込み箸

ほおばった料理を箸で口に押し込む行為です。

渡し箸

箸を器の上に渡して置く行為です。

食いつき箸

箸先を口にくわえる行為です。

振り上げ箸

箸で人を指したり、呼んだりして、箸を振り回す行為です。

箸うつし

箸から箸へと食べ物を移す行為です。
※火葬場で、骨上げをする(遺骨を拾う)ときの箸づかいで、嫌がられるので注意しましょう。

突き立て箸

ご飯に箸を突き立てる行為です。
※死者の枕元に供える高盛飯(一膳飯)を意味するため、忌み嫌われます。

213

7．食事中の最低限のマナー

（1）食べるときの姿勢

　　　背筋を伸ばして顎を引き、脇を肘で引き締めた状態にします。みっともないのは、「犬食い」と呼ばれる背中を丸めたポーズです。

（2）食事中の音

　　　食べ物をクチャクチャ噛む音や汁物をズーズーする音などは、食事を共にする人へ不快な感じを与えます。極力、音を立てないようにしましょう。

（3）食べるときの順番

①前菜

　　　一皿に何種類かの料理がのっている場合は、左端から食べるのがマナーです。左から右へと味が濃くなっていくため、料理の味を楽しむためには、左端から食べるようにしましょう。

②料理（特に魚）

　　　料理の中央から箸をつける食べ方を「畜生食い」と言って、和食では下品で、はしたない行為とされています。そもそも料理は、「左、右、中央（奥）」と食べ進めていけるよう盛り付けられています。

　　　天ぷらのように、奥から盛り付けられているときは、手前側から食べます。できるだけ、盛り付けられた形

を崩さないように食べていきます。

　中央を高く盛り付けている料理以外は、端から食べるようにしましょう。

③交互に食べる

　一皿ずつ出される料理ではなく、膳に並べられた料理の場合は、一皿ずつ食べきるのではなく、いろいろな料理を交互に食べましょう。

※温かいものは温かいうちに、冷たいものは冷たいうちにと、一皿ずつ出される料理は、すぐ食べるようにしましょう。

（4）料理を一口サイズに切り分ける

　料理を口に運ぶとき、料理の下に手を添える（手皿）と一見美しい所作に見えますが、和食のマナーとしてはタブーです。あらかじめ一口サイズに料理を取り分けて食べるようにしましょう。

※料理を口に運ぶとき、こぼすことを気にする人は、小皿を使いましょう。

（5）一度口に運んだものを器に戻さない

　料理を箸で取ったら、食べきるようにするのが和食のマナーです。

（6）食べ残しをまとめる

　魚の骨や噛み切れないものは、懐紙で包むか、皿の隅にまとめます。食べ終わったあとの美しさも和食の

マナーとしては大切なことです。和食では、皿の中央より手前側にまとめます。ちなみに、洋食では、皿の中央より向こう側にまとめます。

（7）器に口をつけない

　お茶漬けや汁もの以外は、器に口をつけて食べないようにしましょう。

（8）袖通しをしない

　左側に並んでいる料理の器は左手で、右側に並んでいる料理の器は右手で取るようにします。料理の上で、手を交差(袖通し)しないようにしましょう。

（9）禁止事項

　①顔を料理に近づけて、片手食い

　②食事中、髪や足を触るなどの不潔行為

　③乾杯の前に正座を崩す

8．食後のマナー

（1）器を重ねない

　お椀の場合、漆器で蒔絵が施されているものが多く、重ねると傷つきます。ふたをひっくり返して重ねるのはマナー違反です。お椀をはじめ食器類は、食べ終わったときの状態にしておくのがマナーです。

（2）爪楊枝を使う・口紅を差すときは、化粧室で行う

（3）座布団を裏返しにしない

（4）上座の人から立ち上がる

（5）終宴が近づいてきたら、跪座の姿勢で足のしびれを
　　取っておく

（6）煙草のマナー

　　ご飯と止め椀をいただいた後、隣席者に一声かけて
　喫煙所に行きましょう。洋食の場合は、デザートコー
　スに入ってからです。

【洋食の形式とマナー】

　洋食の場合は、テーブルマナーを身につけていないと恥を
かきますので、最低限必要なマナーを身につけておきましょ
う。

　宴席には、「着席スタイル」と「立食スタイル」がありますが、
接待の場面を考えると、ほとんどが着席のフルコースになり
ます。

　ちなみに、立食スタイルの場合は、食べることよりも歓談
することを目的としているために、自由に動き回ることがで
きます。また、自由に入退席できるというメリットがあります。

　セッティングされている料理は、着席スタイルのフルコー
スで出される順番に並んでいます。そして、食べたいだけの

量を自分の皿に盛り付けることができます。ただ、食べきれる量を盛り付けるのがマナーであるため、残した場合はマナー違反になります。

さて、外交上のマナー「プロトコル」では、「フランス料理または母国料理でもてなす」という決まりがあります。なぜ、フランス料理かというと、万人の口に合う味だからだそうです。

ここでは着席スタイルのフルコース（フランス料理）をいただくときのマナーについて学びましょう。

1．フルコースの種類

フルコースには、「一般的なコース（8品）」「フォーマルなコース（9品）」「格式が高いコース（12品）」があります。

一般的なコースに「アミューズ（お楽しみという意味）」という一番はじめに出てくる「突き出し」が1品加わると、フォーマルなコースになります。

さらに、肉料理のあとに出される「サラダ」「チーズ」が加わり、「デザート（甘い菓子とフルーツ）」が2種類になると、格式が高いコースになります。接待するお客さまのお立場によって、この3コースから選びましょう。

2. 一般的なコース料理（8品）

（1）前菜 〔仏〕オードブル

（2）スープ 〔仏〕ポタージュ

（3）魚料理 〔仏〕ポワソン

（4）口直し 〔仏〕ソルベ

（5）肉料理 〔仏〕アントレ

（6）デザート 〔仏〕デセール

（7）コーヒーと小菓子 〔仏〕カフェ・プティフール

（8）パン 〔仏〕パン

※前菜は冷たいものを食べてから、温かいものを食べます。

※ポタージュとはスープの総称。クリーム状の濃厚なものを「ポタージュ・リエ」と言い、コンソメのように澄んだものを「ポタージュ・クレール」と言います。

　日本では、濃厚なものを「ポタージュ・スープ」、澄んだスープのことを「コンソメタイプ」と言っています。

※オードブルが2種類になったり、口直しのシャーベットがサラダになったりと、レストランによって、料理の内容や品数が変わります。

3. カトラリー(食事をするときの道具)のセッティングと使い方

❶シャンパングラス
❷白ワイングラス
❸赤ワイングラス
❹冷水用グラス
❺オードブル用ナイフ、フォーク
❻スープスプーン
❼魚料理用ナイフ、フォーク
❽肉料理用ナイフ、フォーク
❾バターナイフ
❿アイスクリームスプーン
⓫フルーツナイフ
⓬フルーツフォーク
⓭ティースプーン
⓮位置皿(アンダープレート、サービスプレート)
⓯パン皿

(1) ナイフやフォークは外側から順番に使う

※料理の品数に合わせて、カトラリーの本数が変わります。
※デザート用は一番遠い位置から手前側へと使います。

(2) 料理ごとにカトラリーを替える

※料理を食べ終えたら、食器とカトラリーをいっしょに下げてもらいます。

（3）食事中と食後のナイフとフォークの取り扱い方

　①日本式の場合

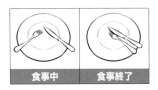

　②外国式の場合（食後のナイフとフォークの置き方）

4．アレルギーの確認

※ホスト側の心得

　肉料理（アントレ）の場合は、ビーフ・ステーキ、ロースト・ビーフ、鴨のロースト、仔羊のポワレなど、特に問題はないと考えます。

　しかし、魚料理（ポワソン）の場合は、淡水魚や塩水魚をはじめ、甲殻類や貝類などが食材として使われるため、アレルギーの人に配慮する必要があります。事前にお客さまのアレルギー情報を入手しておくとよいでしょう。

【魚料理の食材の代表例】

鱒、鮭、すずき、舌平目、平目、鰯、車海老、伊勢海老、帆立貝など。

5．ナプキンの取り扱い方

（1）飲みものや食べものが出される前に、二つ折りにして、折り目(輪)の方を身体側に向けて膝にのせる

（2）手指や口元などが汚れたとき、ナプキンの内側を使って拭く

（3）中座するとき、ナプキンを椅子の上に置く
　　※綺麗にたたむ必要はなく、膝から外した状態で置きます。

（4）食事を終えたら、ナプキンを軽くたたんでテーブルの上に置く

6．グラスの取り扱い方

脚が長いグラスは、飲みものの温度を下げないよう、足を持つようにします。

7．ライスを食べるときのマナー
　※パンとライスを選択できる場合

ライスを食べるときは、片手食いをせず、フォークとナイフを使って食べます。新旧のマナーを覚えておきましょう。

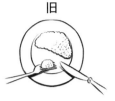
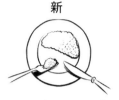

※フォークの背にライスを乗せて食べる方法。

※フォークの腹にライスを乗せて食べる方法。

8．スープの飲み方

（1）音を立てない

　　　スプーンが皿にあたったり、スープを飲むときにすすったりと、音を立てるとマナー違反になりますので、注意しましょう。

（2）スープをスプーンの7〜8分目ですくう

（3）スープのすくい方

　　①英国式……手前から奥へすくいます。

　　②フランス式……奥から手前にすくいます。

　　※スープが少なくなったときは、皿の端を持ち上げます。

（4）取っ手がついたスープ皿（カップ）は、片手で取っ手を持ち、スプーンを使う

9．魚の食べ方

　ソースがある場合、フィッシュ・スプーンがセッティングされています。

フィッシュスプーン

これは、魚料理とソースをいっしょに楽しむため、ナイフとスプーンの役目を果たしています。左手に、フィッシュ・フォークを持ち、右手に、フィッシュ・スプーンを持ちます。

コースメニューの中で、魚料理を食べるのがむずかしいと感じている人も多いですが、食べ方のコツを絵で学んでみましょう。

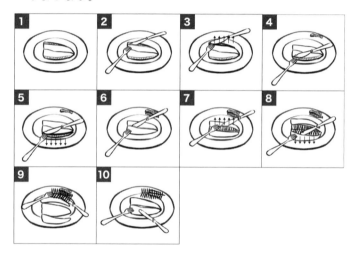

10. 肉料理の食べ方

（1）都度、食べる分だけ切り分ける（最初に全部切らない）
（2）切り分けた肉が、まだ大きいときはさらに一口大に切ってから食べる
（3）ソースが別の容器に入っている場合

①とろみのあるソースは、皿の手前側に取って、切り
　分けた肉をつけて食べる

②とろみのないソースは、肉にかけて食べる

（４）骨付き肉の場合

①フォークで肉を押さえ、左側から順番に、骨から肉
　を切り取る

②骨に肉がついている場合は、手で持って食べる

③手を使った場合は、フィンガーボールで指先を洗う

④ナプキンで手指を拭く

⑤食べ終えた骨は、皿の奥にまとめる

（５）肉の焼き方を聞かれた場合

①ウェルダン……肉の中心までよく焼いたもの

②ミディアムウェルダン……ややよく焼いたもの

③ミディアム……よく焼いたものと生の中間くらい

④ミディアムレア……中間よりやや生に近いもの

⑤レア……表面のみを焼いたもので、肉の中心が生に
　　　　　近いもの

銀行員の日々に「Focus」
支店の中の食堂

　少人数店舗はどうかはわかりませんが、銀行の支店に
は食堂がある。よほどのことがない限り銀行員はここで
食事を取る。小さな支店だとおにぎりやうどんなどが提
供され、大きな基幹店や事務センタークラスになると、
サラダバーや本格的なイタリアン、ご飯もカレーも盛り
放題、ドリップしてくれるカフェコーナーまであります。
　研修開催の帰りに連れて行ってくれた銀行員に、「う
らやましい」と話すと、あまり外で食べられないからと、
少ししょんぼりした答え。なぜ、ダメかというと、セキュ
リティの問題だそう。制服を着ていると目立つし、よか
らぬ輩から狙われるかもしれないとのこと。外ではゆっ
くり食事ができないそうなのです。「悩みは人それぞれ」
だと気づいた体験でした。

特別付録 2

気持ちに寄り添う「冠婚葬祭マナー」の基本

　普段から、身だしなみを整え、上品な振る舞いをしていても、話し方一つで『お里が知れる』と、言われてしまうことがあります。冠婚葬祭の場合も同様で、相手の家柄や立場を慮った儀礼として、マナーが身についていないと、相手の家に対して失礼な行為を取ることになり、恥をかいてしまいます。

　お祝いごとは、前もって知らされますが、悲しみごとは突然やってきます。いざというときのために、一通りのマナーを身につけておきましょう。

結婚式・披露宴

結婚式（挙式）は「神さまや参列者の前で、二人がこれからの人生を夫婦として生きていくことを誓う儀式」のことです。また、披露宴は「これまでお世話になった人たちやこれからお世話になる人たちに、パートナーを紹介するパーティー」「感謝の気持ちを伝える宴席」のことです。

列席（参列）するにあたり、さまざまなマナーがありますので、しっかり学んでおきましょう。

1. 招待状が届いたら

招待状は、「結婚式と披露宴」「披露宴」へのお誘いとして、出欠を確認するための返信ハガキが入った封書で届きます。前もって個別に連絡が入ることもあり、あらかじめスケジュール調整が可能です。

（1）返信ハガキの投函時期

出席を躊躇していると思われないためにも、早くて3日以内、遅くても1週間以内に投函しましょう。

（2）返信ハガキの書き方

返信ハガキには、随所に「御」や「芳」といった敬意をあらわす文字が書かれています。

また、招待者が返信するハガキに、あらかじめ自分や団体に「様」や「御中」を書いておくのは失礼な行為です。

そのため「行」や「宛」といった文字が書かれています。返信するときは、文字を書き換えましょう。

【返信ハガキの書き方例（出席の場合）】

※個人名の場合は、「行」を消して、「様」と書きます。
※法人名の場合は、「宛」を消して、「御中」と書きます。

> 文字の消し方ですが、ハガキの両面で統一することから、二重取り消し線を縦または横で統一します。斜めの二重取り消し線を書く人がいますが、「刀切り」と言って、忌み嫌われていますので注意しましょう。
> また、結婚というお祝いごとの場合は、「寿」の文字（赤）で、一文字ずつ消すと、より丁寧な返信ハガキになります

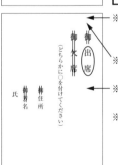

※「ご結婚おめでとうございます」「喜んで」の言葉を添えます。

※欠席の場合は、「残念ながら」と書きます。

※「させていただきます」と書きます。

※「芳」は「御」と同様「尊称」ですので、「御芳」を消して、「氏」と書きます。

2．祝電を打つときの心得

　お祝いの電報を打つときは、早めに準備しておくとよい
でしょう。1カ月前から予約でき、お届け日の3日前まで
に申し込むと電報の割引サービスがあります。

　また、文面については、文例がたくさんありますので、
あまり悩まなくてもすむので便利。とはいえ、文例に頼ら
ず、自分の言葉で綴ったほうが喜ばれます。ただ、文字数
で料金が異なりますので、あらかじめ料金を確認しておく
とよいでしょう。

3．ご祝儀袋・熨斗袋

（1）選び方

　ご祝儀袋を選ぶとき、水引の結び方や本数に注意しま
しょう。水引とは、ご祝儀（不祝儀も同様）に用いられる包
み紙や封筒にかける紅白（不祝儀は黒白）の帯紐のことです。
最近、ご祝儀用には華やかな水引がついたものが販売さ
れていますが、新郎新婦の家柄（格式）を重んじた場合は
流行に左右されず、金糸銀糸10本の「結び切り」を選び
ましょう。

　結婚式のご祝儀袋として、「花結び（蝶結び）」の熨斗袋
は不適切。なぜならば、結んだ水引の先を引っ張ると解
けることから、中身を出し入れできる、つまり何度あっ

てもよいお祝い事を意味するからです。したがって、「出産祝い」「入学祝い」「新築祝い」などのときに、花結び(蝶結び)の熨斗袋を使いましょう。

その際、3本、5本、7本と水引の本数は、お祝いする気持ちのあらわれになるため、水引の本数には注意が必要です。

【結び切り】　　　【花結び(蝶結び)】

（2）ご祝儀の入れ方

お祝儀袋には、中包み(中袋)が入っていますので、自分の住所や氏名、金額を書き、あらかじめ用意しておいた新券を入れましょう。

お金を入れるときは、中包み(中袋)の表面の方にお札の顔がくるように、顔を上側にして入れましょう。

【祝儀袋の場合】

（3）金額の書き方

　　中包み（中袋）に金額を書くときは、むずかしい字を書
　くのが慣例となっています。

　　また、「円」を「圓」と書くこともあります。

1	2	3	5	7	8	10	100	1000	10000
壱	弐	参	伍	七(まれに漆)	八	拾	百	阡または仟	萬

4．装い（礼服）

　　最近、親族を除く列席（参列）者の装いが簡略化されてき
ました。新郎新婦やその親族に対する「敬意」を無視して、
「自分が着たいものを着る」「ちょっと目立った格好をし
たい」など、「個のおしゃれ」が優先されているように感
じます。

　　また、披露宴自体が、格式高いものからカジュアルなも
のまで、さまざまなスタイルが生まれたことから、その影
響で列席（参列）者の装いも変わってきているのだと思いま
す。

　　一人だけ場にそぐわない装いをすると、お祝いしたいと
いう素直な気持ちがあることに反して、「あの服装の人は
どなたのお友達なの？」「場をわきまえてほしいもんだね」
などと誤解されることにも。親族やいっしょに参列した人
たちに恥をかかせてしまいかねません。

「自分は主役ではない」「主役より目立ってはいけない」
という意識を持ち、新郎新婦や親族に配慮した儀礼マナー
として、ドレスコードを守ることで、あなた自身も他の参
列者も恥をかかずにすみます。

　招待状に「正礼装」や「ブラックタイ」の記載がない場
合は、「準礼装」で出席するのが一般的です。また、「平服
でお越しください」と記載している場合がありますが、こ
の平服の意味を勘違いしている人がいます。

　平服とは、「正礼装」の一つ下の格、つまり「準礼装」
のことです。普段着ているビジネススーツやカジュアルな
装いは、結婚式では不適切と心得ましょう。

　以前は、「午前中(12時まで)」「午後(17時まで)」「夜(17時以
降)」の３つの時間帯で、それぞれ着用するものが違って
いました。最近は、昼と夜の２分類となっていますので、
次の表を見て、結婚式や披露宴に参列するときの装いを準
備するようにしましょう。

（１）日中の洋装　※午後５時までの装い

	男性	女性
正礼装	モーニングコート	アフタヌーンドレス
準礼装	ディレクターズスーツ	セミアフタヌーンドレス
略礼装	ダークスーツ ブラックスーツ	インフォーマル・ウエア ※袖やスカート丈に規定はないが、 　フォーマル感が漂う服装

（2）夜の洋装　※午後5時以降の装い

	男性	女性
正礼装	テールコート	イブニングドレス
準礼装	タキシード	カクテルドレス
略礼装	ダークスーツ ブラックスーツ	インフォーマル・ウエア ※袖やスカート丈に規定はないが、 フォーマル感が漂う服装

（3）和装

	男性	女性
第一礼装 （公的行事や式典。 主催者が着用）	・羽織と長着の生地は黒羽二重 ・紋は染め抜き五つ紋 ・袴は仙台平の馬乗袴	・生地は黒縮緬で裾模様付き ・紋は染め抜き五つ紋 ・未婚の女性は振袖
略礼装 （冠婚葬祭に列席 （参列）する人が着 用）	・羽織と長着の生地は黒以外の 「羽二重、御召、紬」 この順番で格式が高くなる ・紋は、一つ紋から三つ紋まで	・色留袖（裾だけに模様があるもの。 紋は一つ紋から三つ紋まで） ・訪問着（肩、背中、袖に絵柄がある もの。家紋はなくてもよい）

葬送儀式

　一般的には「葬儀」「葬式」と言われていますが、正式名称は葬送儀式です。このように故人を送る儀式については、「土地の風習」や喪家の「宗教」が影響することから、悲しみのお知らせがあったときは、すぐ確認をしましょう。

　土地の風習についてですが、荼毘(だび)に付してから通夜を行うところもあれば、一連の儀式が終了してから荼毘に付すところもあります。ですから、拝顔してお別れを言いたい場合は、知らせが入ったら、すぐ駆けつけましょう。

　また、喪家の宗教によっては「不祝儀袋の選び方(仏式、神式、キリスト教式)」や「数珠の持ち方」が違います。ここで、仏式の不祝儀袋のポイントを一つ。蓮の花が絵柄になっている袋は、お題目である「南無妙法蓮華経」と唱える宗派に使用します。それ以外は、共通です。

　悲しい知らせは、突然入ってくるものです。日頃から、喪服をはじめ参列するための準備をしておきましょう。

1. 弔電を打つ

　儀式に参列できないときは、すぐ弔電を打ち、現金封筒でお香典を送りましょう。人間関係の度合いによりますが、

後日、喪家に連絡して、お悔やみを申し上げましょう。

心のこもった直筆のお手紙も喪家の気持ちを癒してあげることができるでしょう。

身内に、慶事(結婚式、出産を控えている人がいるなど)がある場合は、参列を控えます。その場合も、すぐ弔電を打ちましょう。

2. お香典の包み方と金額

不祝儀袋の場合、中袋(中包み)の裏側に「氏名、住所、金額」を書き、お札は裏側に顔が向くように入れます(祝儀袋と反対)。表書きをするときは、「涙で墨がにじんでしまう」という意味で、「薄墨」で書きます。薄墨の筆ペンは文具店などで販売されています。

喪家が、袋からお香典を出すときの手間を省いて差し上げるため、中袋のふたを糊づけしないのがマナーです。また「〆」は書きません。

お香典の金額ですが、仕事上のおつきあいや故人との関係の度合いによって相場はさまざまです。一つの目安として、3000円、5000円が一般的です。お通夜、葬儀、お別れの会など、儀式のスタイルによっても金額は異なりますので、アドバイスを受けるとよいでしょう。

不祝儀袋ですが、必ず袱紗(不祝儀の場合は、紺、緑、紫色の袱

紗が適する）に包んで持っていきましょう。袱紗を使うのは、不祝儀袋を汚さないためや喪家の気持ちを慮っている姿勢を示すためです。

　お金以外で、お供物を送る場合があります。お花（スタンド花、盛花）、お菓子、盛篭（線香とロウソクのセット、果物の盛り合わせ、飲み物のセットほか）などです。

どういう関係まで包むのか？

　今までのお取引を感謝する気持ちと、喪家に今後のお取引をお願いする意味があります。したがって、過去の銀行への協力、現在の取引残高、将来の保険金や遺産相続など、総合的な判断が必要となりますので、必ず上司に相談しましょう。「結婚式は招待状がないと行けないが、葬式はだれでも行ける」と、亡き田中角栄元首相が名言を残しています。

3．装い

　急な知らせが入り、職場から通夜に参列する場合があります。その際は、左腕に黒の腕章をつけます。CHAPTER 1の身だしなみで学んだように、普段からダークスーツを着用していれば、何も問題はありません。

　男性で気をつけることは、靴下は黒色で、靴にきらびやかな金具がついていないものを履きましょう。女性で気をつけることは、黒色のストッキングで、靴にきらびやかな

金具がついていないものを履きましょう（バックベルト靴は禁忌）。

礼服に合わせるバックですが、材質が皮革のものは禁忌とされています。殺生を連想させるため、布製のものを選びましょう。ちなみに、馬のたてがみで編んだバックが最高級品と言われています。

4．受付やお手伝いを頼まれたら？

個人の葬儀でお手伝いすることはあまりありません。法人の場合は、葬儀社が全体の進行をしますので、人手が必要ないかお伺いするのがよいでしょう。

駐車場整理、会場への誘導、掃除など、急にお手伝いを頼まれる場合もありますので、心の準備だけはしておきましょう。そのとき、我々は喪家の一員であるという意識で、弔問客と接しましょう。

※現在は、葬儀社が執り行うことが多いので、葬儀社からの依頼に対応する形になるでしょう。次の点に注意が必要です。

（1）先に焼香をすませる

（2）告別式（通夜、葬儀）の流れを把握しておく

（3）告別式がはじまる前に、親族の方にお香典を引き渡す方法を決めてもらう

（4）事前に、受付でお香典をお預かりする人を決めておき、

親族へ伝えておく

※お香典を取り扱う人は、お香典を他の人には絶対触れさせない
ようにします。つまり、お香典を一カ所に取りまとめる人は一
名にします。

（5）受付に「記帳表」「筆記具」「お盆（お香典を載せるため）」
が揃っているかを確認する

（6）弔問客のお悔やみの言葉に対して、丁寧に挨拶をする

（7）お香典を両手で丁寧に受け取り一礼する

（8）返礼品（会葬礼状、香典返しなど）を渡す

（9）弔問客を会場へ案内する

（10）お香典を一まとめにして管理し、葬儀を終えたら親族
へ渡す

※葬儀の途中でも、会計係がいる場合は、早めにお香典を渡します。

5．参列者として気をつけること

　ご遺族、参列者にしっかり挨拶することは必要です。特
に金融業界のことで言えば、お取引についての話をするこ
とは禁物。場の空気を壊さないようにしましょう。用件が
あっても、後日にしましょう。「守秘義務」がありますので、
たくさんの人が集まったり、故人の思い出話なども出やす
いこうした公の場での会話には、十分注意を払いましょう。

あとがき

　マナー本がたくさん発行されている中で、なぜ、私がこの本「アクティブマナー」を執筆しようと思ったのか、その経緯をお話ししたいと思います。

　ビジネスやプライベートでサービスを受けるとき、「おかしな振る舞いだな」「間違った言葉づかいをしている」などと感じる場面が多くなったからです。それは、普遍的であるはずの『礼儀作法』を崩し、オリジナルの型にこだわったマナーを教えられている。お客さまをもてなす人たちなのに、まるで自分の存在をアピールしているような振る舞いをしている。ここが、「おかしな振る舞い」と感じた所以だと気づきました。

　マナーも「時代とともに変わる」と思われる人も多いと思います。しかし、交通ルールで考えてみると、道路交通法を守らない人がいるため、新たなルールが生まれることはあっても、元々のルールが変わることはないのです。

　つまり、『礼儀作法』とは、相手に対する敬意のあらわし方であり、継続的な人間関係構築の橋渡しをしてくれるものだから、基本から逸脱してはいけないのです。マナーの基本が身についている人の振る舞いは、誠に美しいと感じます。また、関係性の中で少しずつ堅苦しさをとっていく臨機応変

さに、信用・信頼できる人という安心感を持ちます。

　基本そのものを崩しているマナーに触れたことで、公開セミナーで出会いお世話になっている日本ＡＴＭヒューマンソリューションの武あゆみさんと、「マナーの原点」に返った本を書きたいという思いになったのです。

　そして、生産性出版の村上直子さんのお力を借りて、知識を蓄え、実践することで「成長できる本」を書こうということになりました。お互いに仕事を持っている中での執筆は、時には過酷なものとなりましたが、お互いに励まし合いながら書き上げた「アクティブマナー」の本は、読者のみなさまに「マナーの原点」をお伝えできるものと思っています。

　もともとリーダーシップ開発を専門としている私。この本を行動できるマナー本にするためのアイディアとして、接客用語を音符で表してみました。ピアニストである新島豪さんのお力を借りなければ実現できなかった試みです。新島豪さんをご紹介くださった大学の先輩、森谷紀子さんのお二人には、心から御礼申し上げます。

　執筆をともにした武あゆみさんと村上直子さん、イラストレーターの大村順さん、生産性出版のスタッフの皆さまに、改めて御礼申し上げます。ありがとうございます。

藤原徳子

【著者紹介】

武 あゆみ (たけ あゆみ)

　日本ATMヒューマン・ソリューション株式会社　取締役教育サービス部長。航空会社での接遇業務を経て、日本ATM（以下ATMJ）に入社。教育事業の立ち上げメンバー。ATMコールセンター業務を中核とするATMJのコールセンター事業部（常時1000超の組織）の教育事業責任者へ。社内外の管理職から新入社員までを対象に研修、評価制度やキャリアアップ制度の構築などに活躍中。

藤原 徳子 (ふじわら のりこ)

　株式会社ビジネスファーム代表取締役。短大卒業後、米国カリフォルニア州ULS大学行動科学アカデミー卒業。8年間にわたり学習塾を経営。コンサルティング会社でのキャリアを活かし、平成9年起業。専門は、行動科学・臨床心理学・睡眠学。27年以上にわたり、全国各地の官公庁および民間企業で研修・講演講師を務める傍ら、執筆活動を行う。日本睡眠教育機構認定の上級睡眠健康指導士。主な著書は、「12のリーダーシップ・ストーリー」（共著/生産性出版）「S.L.事例分析集」（共著/シーエルエス）他多数。

また会いたくなる銀行員のアクティブマナー

2018年9月30日　第1版　第1刷ⓒ

著　者　武あゆみ　藤原徳子
発行者　髙松克弘
発行所　生産性出版
　　　　〒102-8643　東京都千代田区平河町2-13-12
　　　　日本生産性本部
電　話　03(3511)4034

印刷・製本　サン印刷通信
カバー＆本文デザイン　サン印刷通信
イラスト・挿絵　大村順／ゴーアヘッドワークス

ISBN: 978-4-8201-2081-0
Printed in Japan